Die Samen der Kola-Halbinsel

Menschen und Strukturen
Historisch-sozialwissenschaftliche Studien

Herausgegeben von Heiko Haumann

Band 18

PETER LANG
Frankfurt am Main · Berlin · Bern · Bruxelles · New York · Oxford · Wien

Lukas Allemann

Die Samen der Kola-Halbinsel

Über das Leben einer ethnischen Minderheit in der Sowjetunion

PETER LANG
Internationaler Verlag der Wissenschaften

Bibliografische Information der Deutschen Nationalbibliothek
Die Deutsche Nationalbibliothek verzeichnet diese Publikation in der Deutschen Nationalbibliografie; detaillierte bibliografische Daten sind im Internet über http://dnb.d-nb.de abrufbar.

ISSN 0179-3705
ISBN 978-3-631-61201-9

Vorwort

Die Samen, die Urbevölkerung Lapplands, bewohnen mit wenig mehr als 50'000 Personen ein Gebiet in vier Staaten: Norwegen, Schweden, Finnland und Russland. Deren Geschichte im 20. Jahrhundert war auf beiden Seiten des Eisernen Vorhangs von schicksalsschweren Brüchen geprägt. Dabei ist besonders die neuere Geschichte der russischen Samen, die nicht einmal 2'000 Personen umfassen und auf der Halbinsel Kola leben, nach wie vor wenig erforscht. Namentlich für die Zeit nach dem Zweiten Weltkrieg gibt es nur vereinzelte Forschungen. In diese Lücke stösst Lukas Allemann. Grundlage seiner Arbeit bilden Interviews mit fünf samischen Frauen, die er zwischen 2006 und 2008 durchführen konnte. Von ihnen geht er aus, um die Lebenswelt der Menschen in ihren strukturellen Zusammenhängen zu erschliessen. Ergänzt werden die Selbstzeugnisse durch die Auswertung der einschlägigen Literatur.

Eindringlich führt uns Lukas Allemann vor Augen, wie die Lebenswelt der Samen kolonisiert wurde. Nach der Kollektivierung und dem Terror der Stalin-Zeit bedeuteten insbesondere die Umsiedlungen zwischen den 1930er und 1970er Jahren, die vor allem aus militärischen und industriepolitischen Gründen vorgenommen wurden, einen tiefen Eingriff in ihre Lebensweise. Hohe Erwerbslosigkeit, Kriminalität, Alkoholismus und Selbstmorde weisen auf die Folgen dieser Massnahmen hin. Nach dem Zusammenbruch der Sowjetunion haben sich ihre Lebensbedingungen weiter verschlechtert. Immerhin ist eine Bewegung, sich auf die eigene Kultur zu besinnen, in Gang gekommen.

Lukas Allemann ist ein neuer Blick auf das Leben der Samen gelungen. Beispielhaft wird an dieser zahlenmässig kleinen Bevölkerungsgruppe deutlich, wie es sich rächt, wenn auf die Lebenswelt der Menschen keine Rücksicht genommen wird. Am Schicksal der fünf Frauen und ihrer Umgebung können wir nachvollziehen, wie ihr Alltag aussah und wie sie mit den grundlegenden Veränderungen in ihrem Leben umgingen. Es wäre schön, wenn Lukas Allemanns vorbildliche Studie vergleichbare Forschungen anregen könnte. Ihr sind zahlreiche Leserinnen und Leser zu wünschen.

Heiko Haumann
Professor für Osteuropäische und
Neuere Allgemeine Geschichte
an der Universität Basel

Danksagung

An der Entstehung dieser Arbeit waren viele Menschen beteiligt, ohne die meine Untersuchungen nicht möglich gewesen wären. In erster Linie danke ich meinen Interviewpartnerinnen Nina Afanas'eva, Apollinarija Golych, Anna Jur'eva, Anastasija Matrëchina und Marija Popova. Sie waren einverstanden, mir von ihrem Leben zu erzählen und geduldig auf alle meine Fragen zu antworten. Ihre Ausführungen bilden den Kern dieser Arbeit. Frau Afanas'eva hat sich zudem liebenswürdigerweise die Mühe gemacht, zahlreiche Fotos aus ihrem riesigen Privatarchiv herauszusuchen und mir diese zur Verfügung gestellt. Auch dafür bedanke ich mich bei ihr ganz herzlich.

Besonderer Dank geht auch an Frau Anna Prachova, die in verschiedenen Organisationen aktiv für die Interessen der russischen Samen eintritt. Sie war meine erste Anlaufstelle bei der Suche nach Gesprächspartnern und hat für mich dank ihrem weitverzweigten Bekanntenkreis unter den Samen der Kola-Halbinsel eine lange Liste zu einem Gespräch bereiter Personen vorbereitet. Ihre Vorab-Gespräche mit diesen Personen haben mir den Weg zu einem herzlichen und vertrauensvollen Empfang durch meine Interviewpartnerinnen geebnet.

Ebenfalls von grosser Hilfe war mir meine Ehefrau Julia Drozd, die Enkelin von Frau Matrëchina. Sie war mir bei der Transkription der Interviews und beim Verstehen der schwierigen Aussprache ihrer Grossmutter behilflich. Viele Passagen wurden mir erst im Nachhinein verständlich, als ich die Aufnahme gemeinsam mit meiner Frau nochmals hörte, und bei der Rekonstruktion der Lebensgeschichte waren die zusätzlichen Angaben seitens der Enkelin unverzichtbar. Auch ihr möchte ich meinen Dank aussprechen.

Nicht zuletzt möchte ich mich bei meinen Dozenten Prof. Dr. Heiko Haumann (Basel) und Dr. Catherine Bosshart-Pfluger (Freiburg, Schweiz) bedanken. Durch die Teilnahme an Seminaren und wissenschaftlichen Projekten konnte ich das nötige Wissen in der Disziplin der Oral History erwerben. Die gesammelten Erfahrungen waren der entscheidende Stimulus dafür, dass ich mich für eine Master-Arbeit mit mündlichen Selbstzeugnissen entschied, aus der sich schliesslich das vorliegende Buch entwickelte.

Für das Gegenlesen und zahlreiche wertvolle Tipps bedanke ich mich ganz herzlich bei Prof. Dr. Cornelius Hasselblatt (Lehrstuhl für finnougrische Sprachen und Kulturen an der Universität Groningen), bei Prof. Dr. Yulian Konstantinov (Lehrstuhl für Archäologie und Sozialanthropologie an der Universität Tromsö) und bei Lukas Barth.

Inhalt

1. Einleitung

1.1. Ziele der Arbeit

Die Samen als Urbevölkerung Lapplands bewohnen heute das Gebiet von vier Staaten: Norwegen, Schweden, Finnland und Russland. Das Schicksal dieser Ethnie wurde somit lange Zeit nicht nur von Staatsgrenzen, sondern auch von einer ideologischen Grenze, dem Eisernen Vorhang, durchtrennt.

In der vorliegenden Arbeit untersuche ich mit der Hilfe von lebensgeschichtlichen Interviews die Lebensbedingungen der Samen in der Sowjetunion, mit einem Fokus auf die Zeit zwischen dem Ende des Stalinismus und dem Zusammenbruch der Sowjetunion. Die Interviews wurden zwischen 2006 und 2008 mit fünf samischen Frauen in Murmansk und Lovozero (Russland) von mir durchgeführt.[1] In der vorliegenden Arbeit möchte ich zeigen, wie meine Interviewpartnerinnen[2] die Gratwanderung zwischen willkommenem Fortschritt und Fehlplanungen während der Sowjetzeit im Alltag vollzogen. Dieser Frage wird in der vorhandenen Literatur wenig Achtung geschenkt; es werden meistens stark pro- oder contra-sowjetische Standpunkte vertreten, wie sie im ‚echten Leben', wo man sich mit Tatsachen zu arrangieren hat, kaum vorkommen. Dieses Oral-History-Projekt zu den russischen Samen soll eine thematische und temporale Forschungslücke schliessen.

Thematisch, weil die wissenschaftliche Literatur zu den Samen der Kola-Halbinsel bisher vor allem ethnologisch und sozialanthropologisch und weniger historiographisch geprägt ist. Natürlich können auch diese Arbeiten nicht auf den Einbezug historischer Perspektiven verzichten, und sie sind auch für die vorliegende Arbeit unentbehrliche Informationsquellen. Eine sozialwissenschaftlich orientierte Historie, wie sie in meiner Arbeit betrieben wird, „teilt mit anderen Wissenschaften wie der Kulturanthropologie, der Ethnologie oder einer historischen Soziologie das Projekt einer ‚Gesellschaftsgeschichte'."[3] Das be-

1 Dass nur Frauen interviewt wurden, war nicht von vornherein beabsichtigt und ist mit dem Zusammentreffen mehrerer Umstände zu erklären. Einerseits war während meiner kurzen Aufenthaltsdauer auf der Kola-Halbinsel keiner der Männer, die sich zuvor zu einem Interview bereit erklärt hatten, erreichbar; zahlreiche von ihnen waren für eine längere Zeit in die Tundra verreist. Andererseits ist ausser diesem eher zufälligen Faktor jedoch zu erwähnen, dass die Lebenserwartung der samischen Männer viel geringer ist als jene der Frauen; insofern ist die Tatsache, dass auf meiner Liste potentieller Interviewpartner sich bedeutend mehr Frauen als Männer vorfanden, durchaus repräsentativ. Genauere Informationen zur Lebenserwartung und zur Auswahlprozedur der Gesprächspartnerinnen siehe in den Kapiteln 1.3.2. bzw. 2.3.1.

2 Der einfacheren Lesbarkeit halber repräsentiert in der vorliegenden Arbeit in der Regel die männliche Form beide Geschlechter. Die weibliche Form wird nur dann verwendet, wenn ausschliesslich Frauen gemeint sind.

3 Gerbel/Sieder 1988, 191.

wusste Überschreiten institutionalisierter Fächergrenzen ist denn auch ein wichtiger Grundsatz meiner Arbeit. Dennoch bleibt festzustellen: In erster Linie geschichtswissenschaftliche Abhandlungen gibt es erstaunlich wenige.[4] Zudem konzentrieren sich sehr viele Arbeiten auf die Rentierzucht. Letztere ist zwar das ‚Markenzeichen' der samischen Kultur, war aber nie so dominant wie bei anderen mit Rentierzucht beschäftigten Völkern Russlands, und zu Sowjetzeiten war weniger als die Hälfte der Samen in der Rentierzucht beschäftigt.

Temporal gibt es insofern eine Forschungslücke, als die vorhandene Literatur nicht alle Epochen gleich gut abdeckt. Die Zeit bis zu den 1930er Jahren ist besonders ethnologisch gut erforscht, und zwar sowohl von vorrevolutionären als auch von sowjetischen Gelehrten.[5] Zudem haben sich auch einige postsowjetische Arbeiten vertieft mit der traditionellen Kultur der Samen befasst.[6] Der stalinistische Terror sowie die Kriegszeit wurden erst vor Kurzem und in wenigen Werken aufgearbeitet, dafür jedoch relativ tiefgehend.[7] Die beginnende Demokratisierung der Sowjetunion (Perestrojka) sowie die postsowjetische Zeit sind besonders aus sozialanthropologischer Sicht gut erforscht.[8] Die Zeit dazwischen jedoch, zwischen dem Ende des Zweiten Weltkriegs und dem Beginn von Perestrojka und Glasnost', ist hingegen wenig erforscht; sie ist in der vorhandenen Literatur weitgehend als ‚Nebenprodukt' zentralerer Themen herauszulesen. Die Analyse der Interviews soll dazu beitragen, diese Forschungslücke zu schliessen.

Dennoch ist zu bedenken, „wer Handlungen und Erfahrungen aus den Zusammenhängen ihrer Entstehung und Wirkung heraustrennt, verfehlt Alltagsgeschichte."[9] Es soll und kann deshalb trotz der genannten temporalen Fokussierung nicht darauf verzichtet werden, bei der Analyse der Interviews sowie der Literatur auch den historischen Vorlauf sowie die Nachklänge der behandelten Periode mit einzubeziehen. Für den Verfasser, aber auch für die Leser dieser Arbeit ist ein gehöriges Mass an Kontextwissen unabdingbar.

> „Die hypothetische Konstruktion eines Lebens in einer konkreten Gesellschaft und historischen Situation erfordert teilweise erhebliche Hintergrundkenntnisse. Je präziser die allgemeinen Kenntnisse über die infrage stehende Gesellschaft, über die historischen Abläufe und über entwicklungspsychologische Dynamiken sind, desto

4 Der hier beschriebene Forschungsstand bezieht sich ausschliesslich auf die Samen Russlands. Zu den in den nordischen Staaten lebenden Samen gibt es hingegen eine reiche Auswahl an Literatur auf Finnisch, Schwedisch und Norwegisch.

5 Vgl. u.a. Čarnoluskij 1930; Charuzin 1890; Luk'jančenko 1971; Volkov 1996. Bei Volkov 1996 handelt es sich um ein Manuskript von 1946, dessen Verfasser dem stalinistischen Terror zum Opfer fiel.

6 Vgl. vor allem Bol'šakova 2005.

7 Vgl. Bol'šakova 2005, Stepanenko 2002.

8 Vgl. Konstantinov 2005, 2006, 2007; Konstantinov/Vladimirova 2002, 2006; Vladimirova 2006.

9 Lüdtke 1989, 11.

genauer sind die Hintergrundkonstruktionen, vor denen sich die Fallstrukturen abzeichnen."[10]

Doch auch die Akteure selbst – hier: die Interviewpartnerinnen – sind in ihrem damaligen und heutigen Handeln und Erinnern vom Kontext, d.h. von den sie umgebenden und sich stetig ändernden gesellschaftlichen Diskursen, geformt. Da davon auszugehen ist, dass der Mensch von Zeit zu Zeit seine vorhandenen Erinnerungen umordnet und neu strukturiert, muss den Historiker, der sich für Lebenswelt und Sinnkonstruktionen interessiert, auch der Zeitraum beschäftigen, der zwischen der zu erforschenden Periode und dem Zeitpunkt der Interviewaufnahme liegt. In dieser Zeitspanne sind die Gründe aufzufinden, weshalb jemand Zurückliegendes umdeutet und somit auch anders schildert. Besonders gut ersichtlich wird dies bei meinen Interviewpartnerinnen: Einer der gravierendsten Brüche in deren Leben fand zeitlich genau zwischen der hauptsächlich zu untersuchenden Epoche und der Interviewaufnahme statt: Der Zusammenbruch der Sowjetunion. Bei der Interpretation der heutigen Aussagen über die damalige sowjetische Zeit kann dieser Bruch nicht ausser Acht gelassen werden.

Von der Umgebung geformt zu sein, bedeutet auch, „dass es nicht nur bei den ‚kleinen Leuten' bleibt. Einfluss und Status, Macht und Prestige der ‚grossen Leute' können nicht ausgeklammert bleiben."[11] Gerade in einem Land wie der Sowjetunion, wo Personenkulte eine lange Tradition hatten und wo Staatsoberhäupter sehr lange an der Macht blieben, stellten Führungspersonen einen wichtigen Teil des Alltags dar.

Beim Eindringen in die Lebenswelt von einigen ‚gewöhnlichen Bürgern', wie dies in der vorliegenden Arbeit geschehen ist, bleibt es somit ganz und gar nicht nur beim isolierten Lebensweg dieser Personen.

„In der Lebenswelt sind Individuum und System untrennbar miteinander verknüpft. Für die lebensweltliche Orientierung der Geschichtswissenschaft folgt daraus, dass der immer wieder beschworene Gegensatz zwischen Mikro- und Makro-Geschichte bei einer derartigen Perspektive nicht besteht. Durch den Blick vom Akteur aus werden Mikro- und Makro-Bereich gleichzeitig erfasst."[12]

Kurz gesagt, sowohl der diachrone Kontext (was war vor und nach dem hauptsächlich zu erforschenden Zeitraum?) als auch der synchrone Kontext (was spielte sich gesellschaftlich und politisch während des Berichtszeitraums der Informanten in der Sowjetunion ab?) sind für die vorliegende Untersuchung von vitalem Interesse und dürfen nicht aus den Augen gelassen werden.

Insgesamt lässt sich sagen, dass zu den Samen Russlands sehr wenige Monographien und wenige wissenschaftliche Aufsätze, dafür aber seit dem Ende der Sowjetunion eine Fülle von Artikeln in der lokalen Presse erschienen sind. All diese Artikel mit einzubeziehen wäre ein kaum mögliches Vorhaben. In

10 Fischer-Rosenthal/Rosenthal 1997, 152.
11 Lüdtke 1989, 27.
12 Haumann 2006, 48 f.

meinem Projekt verwende ich als Quellen bewusst mündliche Selbstzeugnisse und weniger schriftliche Zeugnisse aus der Presse. Diese mündlichen Quellen werden jedoch in der vorliegenden Arbeit immer wieder mit der in einer relativ übersichtlichen Menge vorhandenen wissenschaftlichen Literatur zu den Samen verglichen. Insofern versteht sich diese Arbeit auch als ein recht umfassender Forschungsbericht, in den versucht wurde möglichst viele Standpunkte mit einzubeziehen. Dabei ist zu sagen, dass es nur sehr wenige Publikationen gibt, die sich spezifisch auf eines der in dieser Arbeit vorgestellten Themen konzentrieren; die meisten Publikationen schneiden eine Vielzahl von Themen an, vertiefen diese aber kaum und bieten dazu nur einzelne Informationen.

Die Gliederung der Arbeit ist weitgehend chronologisch, zum Teil mit thematisch gegliederten Unterkapiteln.

1.2. Zur Transliteration russischer und samischer Wörter; zum Glossar

Alle nicht-deutschen Wörter werden in dieser Arbeit grundsätzlich kursiv geschrieben, ausser Personen- und Ortsnamen. Russische Wörter sind gemäss der wissenschaftlichen Transliteration (Standard ISO/R 9:1968) geschrieben. Wörter in anderen Sprachen (v.a. finno-ugrische Sprachen wie Samisch und Komi) sind selten anzutreffen und beziehen sich hauptsächlich auf die traditionellen Lebensformen. Diese werden gemäss ihrer kyrillischen Schreibweise gleich wie russische Wörter transliteriert.

Im Haupttext sowie in den Interviewtranskriptionen nicht näher erläuterte Begriffe, deren Kenntnis beim Leser nicht vorausgesetzt werden kann, sind im Glossar erklärt, das sich im Anhang der vorliegenden Arbeit befindet.

1.3. Einführende Informationen zum Volk der Samen

1.3.1. Verbreitungsgebiet und Herkunft der Samen

Obwohl das Samische zur Gruppe der finno-ugrischen Sprachen gehört, unterscheiden sich die Samen anthropologisch massgeblich von deren nächsten sprachlichen Verwandten, den Finnen, Kareliern, Wepsen, Esten und anderen. Darüber, ob die sogenannten Protosamen ein finno-ugrisches Volk waren oder nicht, gibt es keine einheitliche Meinung, und die Literatur hierzu füllt ganze Bibliotheken; es soll hier nicht näher darauf eingegangen werden. Das Territorium, das die Samen bewohnen, kann grob in vier Zonen unterteilt werden: Die waldreichen Gebiete Nordschwedens und Finnlands; die Küste des Nordmeers (Barentssee); die bergigen Regionen Norwegens, Schwedens und Finnlands; die Kola-Halbinsel (Russland). Die gesamte Küste der Barentssee (Norwegen und nördliche Küste der Barentssee) friert dank einem Letzten Ausläufer des Golfstroms das ganze Jahr hindurch nie zu, während das Weisse Meer (Südküste der Kola-Halbinsel) über die Wintermonate gefriert.

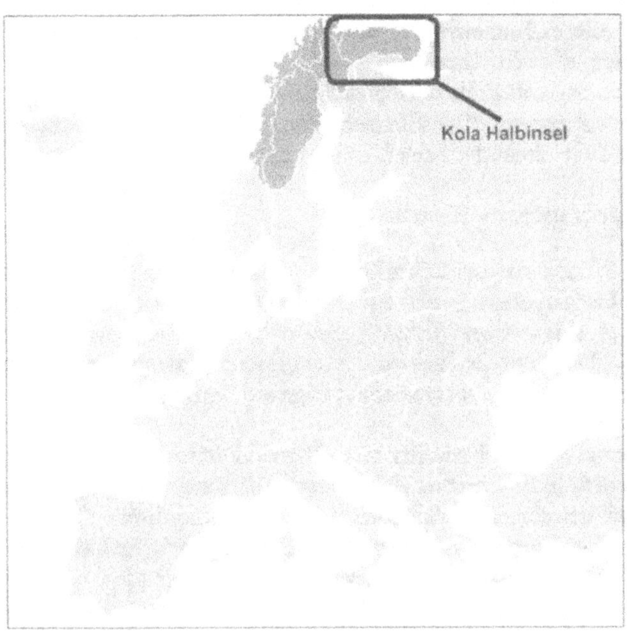

Abbildung 1: Das heutige Siedlungsgebiet der Samen (aus: <http://de.wikipedia.org/wiki/Samen_(Volk)>, modifiziert und ergänzt durch Lukas Allemann).

Da die Samen trotz ihrer relativ geringen Anzahl (rund 50'000 Menschen) auf einem riesigen Gebiet von mehreren hunderttausend Kilometern verstreut leben, haben sich unter den einzelnen Gemeinschaften beträchtliche kulturelle und dialektale Unterschiede herausgebildet. In früheren Zeiten bewohnten die Samen zudem auch südlichere Gebiete, sie wurden jedoch von anderen Völkern (Russen, Karelier, Finnen und Skandinavier) in ihr heutiges Siedlungsgebiet zurückgedrängt.[13] Ihre heutige Heimat bewohnen die Samen seit einer sehr langen Zeit, und ihre Kultur ist aussergewöhnlich alt. Bereits seit dem 6. Jahrhundert v. Chr. war der nördlichste Zipfel Europas ununterbrochen bewohnt. Dabei bezeugen archäologische Funde aus allen Epochen, dass es keine Ereignisse (Kriege, Naturkatastrophen usw.) gab, die die Weitergabe von Wissen von einer Generation an die nächste hätten unterbrechen und somit zur Zerstörung einer Kultur führen können.[14]

Die Bezeichnung ‚Lappen' (russ. *lopari*, *lop'*) erhielten die Samen aller Wahrscheinlichkeit nach von ihren Nachbarn. Auch wenn man immer wieder volksetymologische Deutungen über eine abschätzige Färbung hört, verbinden

13 Vgl. Luk'jančenko 1994, 310.
14 Vgl. Kiselev/Kiseleva 2000, 15.

Linguisten dieses Ethnonym mit dem finnischen Wortstamm *lape, lapea* (‚Seite') oder dem schwedischen *lapp* (‚Ort'). Heutzutage wird sowohl in der Literatur als auch im alltäglichen Gebrauch das Autoethnonym ‚Samen' (russ. *saamy/saami*) vorgezogen. Die Bezeichnung ‚Lappland' (russ. *laplandija*) als Toponym für die Heimat der Samen ist hingegen nach wie vor gebräuchlich.[15]

1.3.2. Demographie der Samen

Die Samen sind eines der 26 indigenen Völker, die den Norden Russlands von Lappland bis Čukotka (gegenüber Alaska) bevölkern (offizielle Bezeichnung: *Maločislennye narodnosti Krajnego Severa, Sibiri i Dal'nego Vostoka*) und insgesamt 184'000 Menschen zählen. Unter diesen nehmen die Samen insofern eine gesonderte Stellung ein, als sie als einzige auf dem Gebiet mehrerer souveräner Staaten leben.[16]

Abhängig von den Kriterien, wonach man ethnische Zugehörigkeit definiert, gibt es beträchtliche Unterschiede in der Schätzung der Anzahl Samen und der Genauigkeit der einzelnen Angaben. Da es in den nordischen Staaten im Gegensatz zur Sowjetunion keine Trennung zwischen Staatsbürgerschaft (*graždanstvo*) und Ethnie (*nacional'nost'*) gab, gehen die Schätzungen für diese Staaten weiter auseinander als für die russischen Samen. Genannt werden Zahlen zwischen 30'000 und 70'000 Samen in Skandinavien.[17] Gemäss dem Nachschlagewerk Narody Rossii (1994) gibt es in Norwegen rund 30'000, in Schweden rund 17'000, in Finnland ca. 4'000 und in Russland 1'835 Samen, davon 1'615 auf der Kola-Halbinsel.[18]

Die Zahlen für Finnland gelten als genauer als jene für Norwegen und Schweden und lassen einen interessanten Vergleich mit Russland zu. 1984 lebten insgesamt 11'475 Menschen in der Samenregion Finnlands (Lapin lääni). Davon waren 3'892 (32,9%) Menschen Samen. In der Samenregion Russlands, der Kola-Halbinsel, lebten zur gleichen Zeit etwa 1,1 Millionen Menschen, davon 1'615 (0,15%) Samen.[19] Wenn man vom verschwindend kleinen Anteil der Samen an der Gesamtbevölkerung der Kola-Halbinsel erfährt, sollte man nicht vergessen, dass dies in erster Linie mit der aussergewöhnlichen Entwicklung dieser Region im zwanzigsten Jahrhundert zu tun hat, die heute die am dichtesten besiedelte Region mit der grössten Stadt der Welt nördlich des Polarkreises (Murmansk) ist. Die nördlichen Gebiete der nordischen Staaten wurden im zwanzigsten Jahrhundert hingegen nicht derart forciert kolonisiert, weshalb dort der Anteil der indigenen Bevölkerung viel höher ist.

15 Vgl. Luk'jančenko 1994, 311.
16 Vgl. Kiseleva/Kiseleva 2000, 15.
17 Vgl. Vaba/Viikberg [o. J.], [ohne Seitennumerierung].
18 Vgl. Luk'jančenko 1994, 310.
19 Vgl. Vaba/Viikberg [o. J.], [ohne Seitennumerierung].

Hatte die Halbinsel 1897 noch insgesamt 8'000 Einwohner, waren es 1920 bereits 14'000, 1930 32'000 und 1940 318'400. Die Eine-Million-Grenze erreichte die Region Murmansk in den 1980er Jahren. Die Zahl der Samen blieb dabei stets relativ konstant zwischen 1'600 und 1'900.[20] Von den Samen der Kola-Halbinsel leben heute rund 70% auf dem Land, wobei dies für die stark urbanisierte Kola-Halbinsel, in der über 90% der Gesamtbevölkerung in Städten leben, ein überdurchschnittlicher Wert ist.[21]

Die geringere absolute Anzahl Samen in Russland im Vergleich zu den nordischen Staaten ist hingegen vor allem mit der grösseren geographischen Abgelegenheit der Kola-Halbinsel zu erklären. Bis zu deren forcierten Urbanisierung nach der Oktoberrevolution war die Kola-Halbinsel insgesamt dünner besiedelt als die nördlichen Regionen Norwegens, Schwedens und Finnlands.

Die Anzahl der Samen in Russland ist erstaunlich konstant. Dass heutzutage etwas weniger Samen als früher auf der Kola-Halbinsel leben, ist vor allem mit der gewachsenen Mobilität innerhalb der Sowjetunion zu erklären.[22] Dennoch sind die Samen Russlands nach Meinung zahlreicher Autoren in ihrer Existenz bedroht, vor allem wenn die Sprache als eines der wichtigsten Charakteristika einer Ethnie aufgefasst wird, was nach wie vor meistens der Fall ist. Bezeichneten von allen Samen 1959 70% Samisch als ihre Muttersprache, so waren es 1989 44%, und heute sind es noch weniger.[23]

Die Lebenserwartung der russischen Samen liegt heute mit 44 Jahren zwar beträchtlich über jener von 1926 (25,8 Jahre), und doch weit unter jener des russischen Gesamtdurchschnitts. War die niedrige Lebenserwartung von 1926 in erster Linie mit der generellen Armut und kinderreichen Familien bei gleichzeitig hoher Kindersterblichkeit zu erklären, ziehen heute vor allem die Männer die Statistik nach unten. Unter ihnen sterben besonders viele durch Alkoholismus, Unfälle und Selbstmord.[24]

---

20 Vgl. Sarv 1996, 131, 135.
21 Vgl. Kulinčenko 2002, 26.
22 Vgl. Fedorov 2000, 27.
23 Vgl. Fedorov 2000, 29.
24 Vgl. Fedorov 2000, 28.

2. Oral History und Selbstzeugnisse als Instrumente der Geschichtswissenschaft

Die Hinwendung zu mündlich übertragenen historischen Zeugnissen hat viel mit den technischen Entwicklungen des zwanzigsten Jahrhunderts zu tun. Tonband, Radio, Kino und andere technische Neuerungen haben dazu geführt, dass mündliche Quellen einen wichtigen Platz im Kanon der historischen Quellen eingenommen haben. Durch nicht-schriftliche Quellen lassen sich für den Historiker auch eher schriftferne Gesellschaftsschichten erschliessen. Heute wollen wir mehr denn je wissen, „wie elementare historische Veränderungen in Wirtschaft, Staat und Gesellschaft vom einzelnen Menschen verstanden und verarbeitet wurden.“[25]

Mit deren Verbreitung durch die neuen technischen Möglichkeiten war der historische Wert solcher ‚alternativer‘ Quellen jedoch nicht automatisch anerkannt. Dass sich Oral History und narrative Quellen bis heute einen immer wichtigeren Platz in der Geschichtswissenschaft errungen haben, ist das Resultat zahlreicher und langwieriger Diskussionen, teilweise als Kritik an der strukturorientierten Sozial- und Wirtschaftsgeschichte, teilweise als Ergänzung einer diskursorientierten Kulturgeschichte, die, wie es Noiriel (2002) formulierte, in eine „Wiederkehr der Narrativität“[26] mündete. Ohne detailliert auf die Geschichte dieser zahlreichen theoretisch-methodischen Auseinandersetzungen einzugehen, sollen in den folgenden Abschnitten die für meine Arbeit wichtigsten Gedanken zu Oral History, Alltagsgeschichte und narrativen Selbstzeugnissen kurz ausgeführt werden.

2.1. Alltagsgeschichte und Narrativität

Die vorliegende Arbeit steht ganz im Zeichen des seit etwa drei Jahrzehnten immer stärkeren

> „Interesses am Verhalten des einzelnen Menschen in der Geschichte, einer Gegenbewegung zu den grossen Strukturfragen. […] Dies gilt besonders für jene sozialen Schichten in der Geschichte, die üblicherweise nicht zu denen gehörten, die sich häufig artikulierten, sondern die schweigende Masse bildeten.“[27]

Wenn auch bei den russischen Samen mengenmässig nicht gerade von ‚Masse‘ gesprochen werden kann, trifft es sicher ganz besonders auf sie zu, dass sie sich in der Sowjetzeit noch weniger artikulieren konnten als die dominierende Ethnie der Russen. Und wenn, dann eher als Sowjetmenschen, als Kolchosemitarbeiter,

25 Schulze 1992, 420.
26 Noiriel 2002, 355.
27 Schulze 1992, 419.

ohne dass vorsowjetischen oder samischen Traditionen grosse Beachtung geschenkt worden wäre.

> „Im Mittelpunkt alltagsgeschichtlicher Forschungen stehen Handeln und Leiden derer, die häufig als ‚kleine Leute' ebenso vielsagend wie ungenau etikettiert werden. [...] Bei Alltagsgeschichte richtet sich die Aufmerksamkeit nicht mehr nur auf die Taten (und Untaten) [...] der ‚Grossen'."[28]

Heute ist man klar vom Anspruch abgekommen, Geschichte objektiv schreiben zu wollen. Schon allein der Umstand, dass wir alle – sowohl Historiker als auch Zeitzeugen – Kinder unserer Zeit sind, beeinflusst Fragestellung und Sichtweise – sowohl bei der Lösung eines wissenschaftlichen als auch eines alltäglichen Problems. Dies muss man sich sowohl bezüglich der Aussagen der Interviewten als auch der eigenen Interpretationen darüber stets vergegenwärtigen. Geschichte ist immer nur eine Sichtweise, ein Gegenbild der vergangenen Realität und kann mit ihr nicht identisch sein.[29]

Mit dieser Erkenntnis hängt der generelle Trend zu qualitativer Forschung zusammen, dem sich auch die vorliegende Arbeit nicht entzieht. Während bei quantitativem Vorgehen tendenziell eine Hypothese am Beginn der Forschung steht und diese durch Untersuchungen bestätigt werden soll, bilden sich bei den qualitativen Methoden die meisten Hypothesen im Verlaufe des Forschens aus ständigen Rückfragen heraus. Genauso gestaltet sich auch die vorliegende Arbeit. Ohne abzustreiten, dass es Bereiche gibt, in denen quantitative Forschung ihren Sinn hat – zum Beispiel bei der Erfassung demographischer oder wirtschaftlicher Veränderungen –, können folgende Punkte aufgezählt werden, denen ein qualitativer Forschungsansatz besser gerecht werden kann als ein quantitativer:

- Soziale Phänomene können nur durch das Miteinbeziehen des Individuums vollständig erfasst werden. Die Untersuchung des Individuums ist wichtig für das Verständnis von grossen Zusammenhängen.
- Soziale Tatsachen sind im Rahmen verschiedener Situationen verschieden zu bewerten. Es gibt nicht *eine* objektive Wahrheit.

In genau diesem Sinne ist Lüdtke (1989) zu verstehen, wenn er sagt:

> „Der forschende Blick richtet sich nicht auf die ‚Durchschnittsachse' (F. Engels) von Interessenlagen. In den Vordergrund treten vielmehr die vielfältigen Ausdrucksweisen. [...] Im Mittelpunkt stehen die *Formen*, in denen Menschen sich ‚ihre' Welt ‚*angeeignet*' – und dabei stets auch verändert haben."[30]

28 Lüdtke 1989, 9.

29 Vgl. Gerbel/Sieder 1988, 193.

30 Lüdtke 1989, 12 (Kursivschrift im Original).

Für die Tendenz zu „subjektivierenden, das Studium von Individuen und kulturellen Repräsentationen vorziehenden Ansätzen"[31] verwendet Noiriel (2002) den Begriff „Narrativität" in einem äusserst weiten Sinne. Der Begriff bezeichnet hier nichts weniger als „ein neues Paradigma historischer Forschung, das Stück für Stück dem Paradigma der ‚wissenschaftlichen' Historiographie entgegengesetzt wird".[32] Der Begriff „wissenschaftlich" scheint in diesem Kontext nicht besonders geschickt gewählt, doch wird anhand der folgenden Tabelle klar, was Noiriel damit meint:

Konzeptualisierung der Aufgaben des Historikers	**„wissenschaftlich"**	**„literarisch" [„narrativ"]**
Zentrale Fragestellungen der Historiographie	Lebensumstände der Menschen	Menschen in Lebensumständen
Wichtige Einflüsse	Soziologie, Demographie, Wirtschaftswissenschaft	Anthropologie, Psychologie
Untersuchungsgegenstand	Soziale Gruppen	Individuen
Erklärungsmodelle historischen Wandels	stratifiziert und monokausal	zusammenhängend und multikausal
Methode	Gruppenquantifizierung	Einzelbeispiele
Vorgehensweise	analytisch	deskriptiv

Dies bedeutet nicht, dass man nicht mehr am Regelhaften in der Geschichte interessiert sei. Es hat sich jedoch gezeigt, dass in der Historiographie Vorgehensweisen, die sich allzu sehr auf quantitative Methoden stützen, oft zuvor verborgene Kausalitäten nicht ausreichend aufdecken können. Dass hingegen auch qualitative Untersuchungen einen repräsentativen Wert haben können, wird im Laufe dieses Kapitels noch aufgezeigt werden.

Kulturgeschichte und anthropologisch beeinflusste Geschichte haben an Gewicht gewonnen, wobei dies auch der Gesellschafts- und Alltagsgeschichte Auftrieb gegeben hat.[33] Gerade die Geschichte marginalisierter Gruppen rückt damit vermehrt ins Blickfeld der Historiker. Dies kann aber nur geschehen, wenn man ‚alternative' Quellen verwendet, wie zum Beispiel Briefe, Tagebücher, Filme und Fotos, oder eben narrative Interviews.

2.2. Das lebensgeschichtliche Interview als historische Quelle

> „Eine der wichtigsten Innovationen in der Geschichtswissenschaft, die wesentlich zur Realisierung einer solchen Gesellschaftsgeschichte beizutragen vermag, ist das Erinnerungsinterview."[34]

Durch solche Interviews erhalten jene Menschen eine Stimme, die ansonsten selten die Möglichkeit haben, sich zu äussern, und deren Perspektive meist unbekannt bleibt. Doch genau deren Sichtweise verkörpert das Regelhafte, da sie typische Vertreter einer sozialen Gruppe sind. Narrative Interviews – dazu gehö-

31 Noiriel 2002, 356.
32 Noiriel 2002, 356 (Zitat und nachfolgende Tabelle).
33 Vgl. hierzu auch Schulze 1992, insbesondere 422.
34 Gerbel/Sieder 1988, 190 f.

ren auch Erinnerungs- bzw. lebensgeschichtliche Interviews – schöpfen dabei ihr volles Potential vor dem Hintergrund einer lebensweltlichen Orientierung der Geschichtswissenschaft aus.

> „Die Lebenswelt, in ihrer Totalität als Natur- und Sozialwelt verstanden, ist sowohl der Schauplatz als auch das Zielgebiet meines und unseres wechselseitigen Handelns."[35]

Ausgehend von dieser Schütz'schen ‚Urdefinition' von Lebenswelt, die die Sozialwissenschaften revolutionierte, kann als treffende Charakterisierung einer lebensweltlich orientierten Geschichtswissenschaft gelten:

> „Anders als beim Milieu-Begriff, der sich auf das natürliche und soziale Umfeld eines Menschen oder einer Gruppe bezieht, steht der Mensch, das Individuum, der historische Akteur selbst im Mittelpunkt der lebensweltlichen Betrachtung. Von ihm aus fällt der Blick auf die Milieubedingungen sowie die symbolischen Ordnungen, Deutungsmuster, Ideologien, Normen und Werte, die das Denken und Handeln des Menschen, seine Praxis, seine Kultur bestimmen. Mit diesen überindividuellen Faktoren schliesst eine Analyse der Lebenswelt die Analyse von strukturellen Bereichen – materiellen, mentalen, emotionalen, symbolischen – ein."[36]

In lebensgeschichtlichen Interviews wird somit aus der Perspektive der Menschen auch „die Funktionsweise eines Systems rekonstruiert",[37] und es „werden Einblicke in historische Vorgänge ermöglicht, die durch die Beschränkung auf allgemeine Strukturen eher versperrt würden."[38]

Von Gerbel/Sieder (1988) werden zwei Typen des Erinnerungsinterviews unterschieden:[39]

Eliten- und Experteninterview	**Basisinterview**
Mitglieder bestimmter gesellschaftlicher Eliten oder Augenzeugen bestimmter Ereignisse	Typische Vertreter einer sozialen Gruppe
„grosse Ideen" od. „grosse Persönlichkeiten" als dominierendes Thema	Das Typische und Regelhafte in einer Gesellschaft (einem Dorf, einem Stadtviertel, einer ethnischen Minderheit usw.)

Zudem muss sowohl beim Eliten- und Experteninterview als auch beim Basisinterview von Anfang an feststehen, wie es durchgeführt wird. Hier ist folgende Unterscheidung von zentraler Bedeutung:[40]

Fokussiertes Interview	**Offenes, lebensgeschichtliches Interview**
Der Forscher stellt gezielte Fragen, denen vorweg entwickelte Hypothesen zugrundeliegen	Der Forscher ist grundsätzlich offen für alle Themen, die der Erzähler von sich aus aufgreift

35 Schütz/Luckmann 1979, Bd. 1, 28.
36 Haumann 2006, 48.
37 Haumann 2006, 50.
38 Haumann 2006, 51.
39 Vgl. Gerbel/Sieder 1988, 191 f.
40 Vgl. Gerbel/Sieder 1988, 192.

Gemäss dieser Kategorisierung sind für das Vorhaben der vorliegenden Untersuchung offene, lebensgeschichtliche Basisinterviews durchgeführt worden. Dafür geeignete Interviewpartner zu finden, war keine besonders schwierige Aufgabe, da bei Basisinterviews Vertreter der ‚schweigenden Masse', also einer Mehrheit, zu Wort kommen. Genauere Informationen dazu, nach welchen Kriterien die Gesprächspartnerinnen der Interviews für die vorliegende Untersuchung ausgesucht wurden, finden sich im Kapitel *Die Rekrutierung der Interviewpartnerinnen* (Kap. 2.3.1.).

Dass Erinnerungsinterviews sehr viel Subjektives produzieren, liegt auf der Hand. Dies sollte jedoch nicht als Hindernis, sondern als Vorzug gesehen werden.

> „Fallrekonstruktionen erzählter Lebensgeschichten dienen […] dem Aufspüren von Wirkungsmechanismen am einzelnen konkreten Fall. Vor dem Hintergrund einer dialektischen Konzeption von Individuellem und Allgemeinem kann von der prinzipiellen Auffindbarkeit des Allgemeinen im Besonderen ausgegangen werden."[41]

Die Verschränkung zwischen Subjektivem und Objektivem wird im Interview besonders gut sichtbar: Fakten dringen nur durch Erfahrung zum Menschen vor; daher kann es ohne Erfahrung Faktisches gar nicht geben. Aus diesem Grunde sind nicht nur die Fakten, sondern auch die Erfahrung des Faktischen und dessen soziale Regulierung unveräusserlicher Teil der Geschichte.[42] Die Analyse von erzählten Lebensgeschichten dient somit nicht nur dem Nachzeichnen der Selbstdeutungen der Biographen, sondern auch „der theoretischen Verallgemeinerung über die Wirkungsmechanismen erlebter und erzählter Wirklichkeiten."[43] Wir wollen sowohl analysieren, wie die Biographen die soziale Welt erleben, als auch wie die soziale Welt ihr Erleben konstituiert.[44]

> „Akzeptiert man […], dass sich die Gültigkeit einer regulativen und orientierenden Struktur bereits an einem einzigen Fall zeigt, erlaubt der narrationsbiographische Zugang präzise Rekonstruktionen gesellschaftlicher Strukturen unter voller Berücksichtigung realer Handlungserfahrungen."[45]

Richtig geführt und interpretiert sind lebensgeschichtliche Interviews somit durchaus repräsentative Quellen, mit denen man die Perzeption einer Mehrheit der Bevölkerung erschliessen kann. Dazu darf man als Historiker nicht allein die Wirklichkeitskonzeptionen der Befragten wiedergeben und muss mehr als eine blosse Nacherzählung der Lebensgeschichte daraus machen. Viele andere Quellen, wie zum Beispiel staatliche Archivalien, können diese Vorzüge oft nicht

---

41 Rosenthal 1994, 134.
42 Vgl. Gerbel/Sieder 1988, 200.
43 Rosenthal 1994, 136.
44 Vgl. Rosenthal 1995, 218.
45 Fischer-Rosenthal/Rosenthal 1997, 157.

bieten. Diese Vorteile sind jedoch ohne ein solides theoretisches und methodisches Fundament kaum an die Oberfläche zu holen; deshalb dürfen einige wichtige Punkte bei der Interpretation und Rekonstruktion von Lebensgeschichten nicht unbeachtet bleiben. Diese sollen in den nächsten Abschnitten näher beleuchtet werden.

2.2.1. Alltags- und wissenschaftliche Interpretation

> „In der natürlichen Einstellung finde ich mich immer in einer Welt, die für mich fraglos und selbstverständlich ‚wirklich' ist."[46]

Als Alltagshistoriker tauchen wir in die Lebenswelt unserer Interviewpartner hinein und versuchen, diese nachzuvollziehen. Dabei muss jedoch stets eine gewisse Distanz gewahrt werden, die wir epistemologische Wachsamkeit nennen wollen. Wir müssen einerseits in die Alltäglichkeit des Lebens unserer Interviewpartner eintauchen und versuchen, diese zu verstehen, ohne andererseits der Versuchung zu erliegen, das, was für unsere Interviewpartner selbstverständlich ist, ebenfalls als selbstverständlich zu betrachten. Deren – genauso wie unser – alltägliches Interpretieren und Handeln zielt auf die

> „*Minimierung des Zweifels*. Wir greifen immer auf Deutungs- und Handlungs*muster* zurück, also auf konsensuale Formen des Deutens und Handelns. [...] Daraus ergibt sich ein weiteres Kennzeichen unserer Gesellschaft, nämlich dass nicht alles gesagt werden muss. [...] Unsere Alltagsgewissheiten sind in hohem Masse implizit. Sie dienen nicht der Erkenntnis von Wahrheit, sondern der Bewältigung unserer Wirklichkeit. [...] Alltagsgewissheiten dienen [...] der *Komplexitätsreduktion* [...]. Alltagsgewissheiten sind in hohem Masse unkritisch und daher *illusionsgefährdet*."[47]

Wenn wir bei der Analyse der Lebensgeschichte genauso alltäglich interpretieren, wie wir es in unserem eigenen Alltag tun und wie es unsere Informanten in ihrem Leben tun, bleiben zahlreiche Momente der Lebensgeschichte und der diese umgebenden Diskurse im Verborgenen. Unsere Interpretation muss hingegen der Erkenntnis von Wahrheit dienen, einer Wahrheit, die von den Informanten oft nicht mitgeteilt wird – zuweilen bewusst, oft jedoch unbewusst aufgrund ihrer Alltagsinterpretation.

Dieser Alltagsinterpretation muss unsere wissenschaftliche Interpretation entgegenstehen. Während wir uns bei der Durchführung des Interviews an die uns in die Wiege gelegten Kommunikations- und Deutungsregeln des Alltags halten, müssen wir uns bei der Analyse der Interviews ein Stück weit davon entfernen und uns „zum Zweck der wissenschaftlichen Interpretation in eine kritisch-reflexive Distanz zu den Notwendigkeiten des Alltags begeben."[48] Dies mag selbstverständlich klingen, ist aber um so schwerer zu realisieren, wenn man es als Historiker mit mündlichen, spontanen, ‚unüberlegten' Aussagen statt

46 Schütz/Luckmann 1979, Bd. 1, 25.
47 Gerbel/Sieder 1988, 195.
48 Gerbel/Sieder 1988, 196.

mit staubigen Akten zu tun hat. Einander gegenübergestellt, unterscheiden sich alltägliche und wissenschaftliche Interpretation in folgenden Punkten:[49]

Alltagsinterpretation	**Wissenschaftliche Interpretation**
minimiert Zweifel	systematisiert Zweifel
bemüht sich um Eindeutigkeit	sucht nach Mehrdeutigkeit
über-deckt Widersprüche	ent-deckt Widersprüche
die Alltagsgewissheiten sind implizit, man braucht sie nicht zu begründen	man begründet Hypothesen und Deutungen

Je fremder uns dabei die Kultur oder das soziale Umfeld unserer Informanten ist, desto schwieriger wird es, Handlungsmuster und Motivationen zu verstehen, doch desto kleiner ist dafür die Wahrscheinlichkeit, einer Alltagsinterpretation zu verfallen.

> „Wir wollen [...] weder Eingeborene werden (ein Wort, das ohnehin schon kompromittiert ist) noch auch die Eingeborenen nachahmen. [...] Das Verstehen der Kultur eines Volkes führt dazu, seine Normalität zu enthüllen, ohne dass seine Besonderheit dabei zu kurz käme. [...] In den Kontext ihrer [der Menschen einer anderen Kultur, Epoche oder sozialen Gruppe, L.A.] eigenen Alltäglichkeiten gestellt, schwindet ihre Unverständlichkeit."[50]

Die Interpretationstätigkeit des Historikers muss deshalb beides erfüllen: Einerseits müssen wir die Alltagsgewissheiten unseres Gegenübers verstehen – dies kann mehr oder weniger implizit erfolgen –, andererseits müssen gerade diese Alltagsgewissheiten explizit dargestellt werden.

2.2.2. Erlebte vs. erzählte Lebensgeschichte

Bereits in den vorangegangenen Abschnitten wurde der fundamentale Unterschied zwischen Erlebtem und Erzähltem angedeutet: Unsere Geschichte ist stets bloss eine Sichtweise, ein Gegenbild der vergangenen Realität und kann mit ihr nicht identisch sein. Dies trifft nicht nur auf die Ausführungen der Historiker zu, sondern auch auf die Erzählungen unserer Interviewpartner. Es gibt nicht *eine* objektive Wahrheit.

Vor Gericht kann und soll ein Zeuge nur das erzählen, was er gesehen, was er wahrgenommen hat. Auch wenn dies nicht unbedingt dem sich tatsächlich Ereigneten entspricht, müssen wir davon ausgehen, sofern er ein redlicher Bürger ist, dass er die Wahrheit erzählt, seine Wahrheit, das, woran er sich erinnert. Im Grunde genommen muss der Richter mit drei Ebenen arbeiten: 1) Den Ausführungen des Zeugen, dem, was er bewusst oder unbewusst mitteilt oder verschweigt, und den diesen Aussagen zugrunde liegenden jetzigen Erinnerungen 2) den damaligen Erlebnissen des Zeugen, die sich sowohl von Punkt 1 (auf-

---

49 Vgl. Gerbel/Sieder 1988, 194-197.

50 Geertz 1995, 20 f.

grund der sich stets verändernden Erinnerung) als auch von 3) dem tatsächlichen Ereignis unterscheiden können.

Genauso verhält es sich mit historischen Quellen und somit auch mit den hier verwendeten lebensgeschichtlichen Interviews: „Die Texte, die von der Vergangenheit ‚zeugen', sind nicht die Vergangenheit selbst."[51]

> „Wenn sich die ZeitzeugInnen heute also daran nicht mehr erinnern bzw. weiter versuchen, die erlebten Szenen nicht in die Erinnerung eindringen zu lassen, dann lügen sie nicht, sondern sind wahrhaftig."[52]

Man kann sich in diesem Kontext zum Beispiel glorifizierende Aussagen über den Stalinismus vorstellen, wie sie in Russland des öfteren unter Vertretern der älteren Generation anzutreffen sind. Auch wenn ein Informant beharrlich über die Greuel der Stalinzeit schweigt und nur von Ruhe und geordneten Verhältnissen spricht, sind seine Aussagen wahrhaftig, denn es ist seine Erinnerung, seine Interpretation, vielleicht seine Argumentation für eine eigene Identitätsstiftung und Sinnkonstruktion für sein Leben.

> „Fragen wie: Wie gut oder schlecht erinnert sich der Erzähler? oder: Wie ehrlich sind seine Aussagen? basieren meist auf der so häufig vertretenen Annahme, die Erzählung sei defizitär im Vergleich zum Ereignis und man habe es mit einer ‚schwer kontrollierbaren Fehlerquelle' und ‚subjektiven Datenbasis' zu tun."[53]

Dem ist folgendes entgegenzustellen: Erstens haben alle Quellengattungen ihre Defizite. Staatliche Akten oder Zeitungen sind gerade in einem Land mit einem monistischen ideologischen System und eingeschränkter Meinungsfreiheit, wie es die Sowjetunion war, für unsere Zwecke als Quellen kaum informativer. Zweitens sollte gerade das Subjektive an den narrativen Interviews als Vorzug gesehen werden, wie dies weiter oben bereits erklärt wurde.

Historisches Erzählen – weder mein eigenes, noch das meiner Informanten – ist also niemals blosses Nacherzählen. Daraus resultiert: „Ihre [der Informanten, L.A.] Geschichte, ihre Lebensgeschichte [1] ist das eine, die Geschichten, die sie darüber erzählen, sind das andere [2]."[54] Genau dies ist der Unterschied zwischen erlebter [1] und erzählter [2] Lebensgeschichte. Gehen wir etwas genauer auf diese wichtige strukturelle Differenz ein, mit der sich besonders die Arbeiten von Wolfram Fischer-Rosenthal und Gabriele Rosenthal (1994, 1995, 1997) befassen.

> „Wenn Menschen ihre biographischen Erlebnisse erzählen, verweisen diese in die historisch-soziale Wirklichkeit eingebundenen Erlebnisse auf die über die persönliche Geschichte des Biographen hinausgehende kollektive Geschichte. Das Leben von Menschen spielt sich in einer historisch-sozialen Wirklichkeit ab, es ist einer-

51 Gerbel/Sieder 1988, 193.
52 Rosenthal 1994, 131.
53 Rosenthal 1994, 129.
54 Gerbel/Sieder 1988, 193.

seits in geschichtliche Strukturen und Prozesse eingebunden, und andererseits konstituiert das Lebens von Menschen die soziale Wirklichkeit.“[55]

„Erzählte Lebensgeschichten sind in ihrer Entstehung an die Gegenwart ihrer Produktion gebunden. Die gegenwärtige Lebenssituation des Erzählers, seine Gegenwartsperspektive bestimmt den Rückblick auf die Vergangenheit. [...] Erzählte Lebensgeschichten verweisen damit immer sowohl auf das heutige Leben mit der Vergangenheit wie auch auf das damalige Erleben dieser vergangenen Ereignisse. [...] Die erste Frage, die an den *Text* gestellt werden muss, ist nicht: ‚Was wurde damals erlebt [...]?‘, sondern zuerst muss die gegenwärtige Erzählsituation rekonstruiert werden, die heutige Perspektive der Biographinnen und Biographen und damit die Mechanismen, die die Auswahl der erzählten Geschichten steuern. Das Umgekehrte gilt entsprechend: Will ich Aussagen über die biographische Gesamtsicht [...] machen, so setzt dies Wissen über dieses Leben voraus.“[56]

Diese Aussagen haben allgemeine Gültigkeit für jeden Lebensweg, doch gerade bei Biographien, die von grossen ideologischen Brüchen begleitet wurden, ist dies besonders zu beherzigen. Es ist anzunehmen, dass das Ende der Sowjetunion und das wiedererwachte ethnische Selbstbewusstsein der Samen bei den Informanten Revisionen der eigenen Ansichten ausgelöst haben, die nicht immer explizit dargelegt werden.

„Dabei wird bestätigt, dass der ‚soziale Rahmen‘ des Gedächtnisses, die Interaktion und Kommunikation des Menschen mit seiner Umgebung beachtet werden müssen. Über lange Zeiträume hinweg kann sich ein Mythos, ein bestimmtes Bild aufbauen, das in den Erinnerungsbestand einer Gesellschaft eingeht, sich verfestigt und das die eigene Vorstellung prägt.“[57]

Die vertiefte Auseinandersetzung mit erzählten Lebensgeschichten – die immer auch eine Analyse des Nicht-Erzählten einschliessen muss – dient somit auch einer gewissen „Verallgemeinerung über die Wirkungsmechanismen erlebter und erzählter Wirklichkeiten.“[58]

Gemäss Rosenthal (1995, 1997) gilt als oberstes Prinzip bei der Auswertung von lebensgeschichtlichen Interviews die getrennte „Rekonstruktion der Gestalt sowohl der erlebten wie der erzählten Lebensgeschichte“,[59] wofür Rosenthal das Verfahren der sogenannten rekonstruktiven Fallanalyse entwickelt hat. Dieses besteht aus folgenden Schritten: 1. Analyse der biographischen Daten; 2. Text- und thematische Feldanalyse mit der sogenannten Sequenzanalyse der Textsegmente;[60] 3. Rekonstruktion der Fallgeschichte; 4. Feinanalyse einzelner Textstel-

55 Rosenthal 1994, 128.
56 Fischer-Rosenthal/Rosenthal 1997, 148 f.
57 Haumann 2006, 46.
58 Rosenthal 1994, 136.
59 Rosenthal 1995, 208
60 Dies ist der aufwendigste Teil des gesamten Verfahrens: Der Interviewtext wird Zeile für Zeile analysiert und nach Sprecherwechsel, Textsorten (Erzählungen, Beschrei-

len; 5. Kontrastierung der erzählten mit der erlebten Lebensgeschichte; 6. Typenbildung.[61]
Diese Schritte sollen hier nur in Erinnerung gerufen werden, da dieses Auswertungsmodell in der Interviewforschung recht etabliert ist. Jedoch soll die Methode hier nicht weiter beschrieben werden, da ich mich in der vorliegenden Arbeit ausdrücklich *nicht* an dieses schrittweise Prozedere halte. Der Entscheid gegen Rosenthals Verfahren ist aus folgenden Gründen gefallen:

1. Das Verfahren ist zu aufwendig und umfangreich. Schon nur die Analyse einer einzigen Biographie füllt bei einem strengen Einhalten von Rosenthals Methodik schnell mehr als hundert Buchseiten, was den Rahmen der vorliegenden Arbeit bei weitem sprengen würde.[62] Vor allem der Umstand, dass für jede Sequenz eine Vielzahl von kontextunabhängigen Lesarten hypothetisch konstruiert werden, um anschliessend nach dem Verfahren der Abduktion nach und nach falsifiziert zu werden, nimmt ungemein viel Platz und Zeit in Anspruch.
2. Dabei steht der Mehrwert an Erkenntnis meines Erachtens in keinem Verhältnis zum Mehraufwand.
3. Die zusätzlich gewonnenen Erkenntnisse bleiben oft spekulativ.
4. In der vorliegenden Arbeit soll nicht Lebensgeschichte für Lebensgeschichte nacheinander analysiert werden, wie dies im Rahmen von Rosenthals Methodik geschieht; vielmehr sollen innerhalb einer im Voraus vorgegebenen Themenstruktur die Aussagen der Interviewpartner mit den Informationen aus der vorhandenen Literatur – von der nicht wenige Publikationen aus der sowjetischen Zeit heute einen eher quellenartigen Wert haben – kontrastiert werden.

Ohne dass die Unterscheidung zwischen Erleben und Erzählen – dem meines Erachtens wichtigsten erkenntnistheoretischen Paradigma von Rosenthals Forschungen – an Bedeutung einbüssen würde, muss der Versuch einer getrennten Rekonstruktion der erlebten Lebensgeschichte eine suggerierte Wirklichkeitsreferenz bleiben, die in keiner Weise nachgewiesen werden kann.[63]

> „Die individuelle Erfahrungsdimension ist allein in ihrer Aktualisierung zum Zeitpunkt der Erzählung greifbar, in der eine Trennung zwischen Erlebnis und Deutung nicht mehr eindeutig nachvollzogen werden kann."[64]

---

bungen oder Argumentationen und deren Unterkategorien) sowie thematischen Modifikationen unterteilt.

61 Zu einer detaillierten Beschreibung der einzelnen Auswertungsschritte vgl. Rosenthal 1995, 208-226 und Fischer-Rosenthal/Rosenthal 1997, 148-157.

62 Vgl. Rosenthal 1987, 143-292 als Beispiel einer solchen Analyse der Biographie einer einzelnen Person.

63 Vgl. Jureit 1997, 101.

64 Jureit 1997, 97.

Der Text ist und bleibt eine Erfahrungsrekapitulation, in die zurückliegende Deutungsmomente eingeflossen sind.[65] Diese Deutungsmomente sind Teil der sich stetig verändernden Lebenswelt und verlangen nach einer Erklärung. Trotzdem interessiert natürlich auch die ‚tatsächliche' Sachlage in der Vergangenheit. Der Vergleich mit anderen Quellen und der wissenschaftlichen Literatur ist daher unabdingbar. Aus diesen Gründen getrennt eine erlebte und eine erzählte Lebensgeschichte rekonstruieren zu wollen, scheint mir jedoch nicht zweckdienlich.

Doch auch wenn man sich nicht strikt an das getrennte Rekonstruktionsverfahren von erlebter und erzählter Lebensgeschichte hält, bleiben dennoch zahlreiche Gedanken aus Gabriele Rosenthals Auswertungsverfahren äusserst wertvoll. Auch für diese Arbeit wurden einzelne Sequenzen aus den Interviews ausgewählt und analysiert, nur geschah dies nicht mit jeder Sequenz und nicht streng nach dem von Rosenthal postulierten Verfahren der Abduktion.

Bei der Analyse wichtiger Stellen im Interview wurden insbesondere folgende Fragen übernommen und an den Text gestellt:[66]

1. Weshalb wird dieses Thema an dieser Stelle eingeführt?
2. Weshalb wird dieses Thema in dieser Textsorte (Argumentation, Beschreibung oder Erzählung) präsentiert?
3. Weshalb wird dieses Thema in dieser Ausführlichkeit oder Kürze dargestellt?
4. Was sind die möglichen thematischen Felder, in die sich dieses Thema einfügt?
5. Welche Themen (Lebensbereiche oder Lebensphasen) werden angesprochen und welche nicht?

Einzelne Momente der Lebensgeschichte können durchaus in ihrer erzählten und in der mutmasslich erlebten Form kontrastiert werden. Ausgestattet mit dem nötigen Hintergrundwissen, kann der Historiker danach fragen und rekonstruieren, inwiefern der Interviewpartner heute dies oder jenes anders sieht oder darstellt als zum Zeitpunkt des Ereignisses.

2.2.3. Erinnerung als Sinnstiftung und Identitätssicherung

Wir haben gesehen: Lebensgeschichtliche Interviews sind Quellen, „in denen ein Individuum sich absichtlich oder unabsichtlich enthüllt oder verbirgt".[67] Dieser kleinste gemeinsame Nenner aller Exemplare dieser Quellengattung ist durchaus treffend. Jedes ego entwickelt sich ständig weiter, versucht sich ständig an die sich verändernde Umgebung anzupassen und, falls nötig, sich neu zu erklären. Biographische, narrative Interviews „begründen und ‚erklären' sozusagen die aktuelle soziale Lage und die persönliche Befindlichkeit des Erzählers:

65 Vgl. Jureit 1997, 101.
66 Vgl. Fischer-Rosenthal/Rosenthal 1997, 153.
67 Zit. nach Schulze 1992, 428.

Lebensgeschichtliches Erzählen dient der Sicherung der sozialen und personalen Identität und der kulturellen Tradition,"[68] d.h. durch sie versucht man sich selbst zu erklären und seinem vergangenen Handeln einen Sinn zu geben. Genau deshalb werden in keinem Interview nur Fakten aufgezählt; allein die Fakten haben noch keine identitätssichernde Funktion.

Es sind genau diese hinter den ‚harten Fakten' stehenden ‚weichen Fakten', die der hier angewandte Forschungsansatz an die Oberfläche bringen will. Dieses Anliegen formulierte bereits Edmund Husserl:

> „In unserer Lebensnot – so hören wir – hat diese Wissenschaft [die Naturwissenschaften, generell positivistisch-quantitative Methoden, L.A.] uns nichts zu sagen. Gerade die Fragen schliesst sie prinzipiell aus, die für den in unseren unseligen Zeiten den schicksalsvollsten Umwälzungen preisgegebenen Menschen die brennenden sind: die Fragen nach Sinn oder Sinnlosigkeit dieses ganzen menschlichen Daseins."[69]

Sinn- und Bedeutungskonstruktionen sind ein zentraler Teil der vorliegenden Arbeit, was natürlich nicht bedeutet, dass die ‚harten Fakten' keine Beachtung finden. Beides geht miteinander einher und bedingt sich gegenseitig. Der Zusammenbruch der Sowjetunion war vermutlich für die meisten ihrer Bürger mit mehr oder weniger gewichtigen Revisionen eigener Standpunkte verbunden. Viele Menschen, die das Ende der UdSSR erlebt haben, blicken zwangsläufig durch dieses Prisma auf ihre zeitlich vor diesem Ereignis liegenden Erinnerungen. Es soll hier nicht behauptet werden, dies sei der Dreh- und Angelpunkt jeglicher Erinnerungs- und Deutungsveränderung. Persönliche Erfahrungen, die nicht jeder andere Mitbürger durchlebt hat, können genauso zu einer Veränderung der Perspektive auf das eigene Leben führen. Der Zusammenbruch der Sowjetunion soll hier nur als Beispiel dafür dienen, dass die Erinnerung an Erlebnisse im Laufe der Zeit nicht unbedingt nur schwächer wird. Es ist durchaus möglich, dass

> „mit neuen Schemata oder dem Wegfall bzw. Überflüssigwerden bisher wirkender psychischer Blockaden das Erinnerte der Erlebenssituation näher sein kann als in früheren Situationen der Erinnerung – eine Annahme, auf der die psychoanalytische Praxis beruht. D.h., durch Bewusstmachung von verdrängten und verleugneten Erlebnissen oder auch isolierter Bestandteile der Erlebnisse kann der Analysand ‚mehr' sehen und wiedererleben als zuvor."[70]

Konkret kann hier folgendes Beispiel angeführt werden: Heute halten es alle Interviewpartnerinnen für gut, dass an den Schulen wieder die samische Sprache unterrichtet wird und bedauern sehr, dass die meisten Samen der jüngeren Generation kein Samisch mehr sprechen. Als sie jedoch ihre eigenen Kinder grosszog, sprach eine der Informantinnen mit ihren Kindern auch zu Hause kein Sa-

68 Gerbel/Sieder 1988, 207.
69 Husserl 1977, 4 f.
70 Rosenthal 1994, 133.

misch – in den Schulen wurde nur auf Russisch unterrichtet –, da sie von den Lehrkräften davon überzeugt worden war, zwei Sprachen würden die Kinder nur verwirren und deren schulische Leistungen verschlechtern. Die heutige Einsicht könnte eine neue Ansicht sein, die die alte Überzeugung ersetzt hat. Wahrscheinlicher ist jedoch, dass heute, nach dem Ende der Sowjetunion, eine Blo - kade weggefallen ist: Zur Sowjetzeit interviewt, hätte die Mutter aufgrund des sozialen Konsens trotz innerer Zweifel vermutlich mitgeteilt, dass sie aus eigener Überzeugung mit den Kindern kein Samisch spricht, weil dies für die geistige Entwicklung schädlich sei. Heute befragt, sagt sie, dass die Lehrer diese Meinung verbreiteten und sie sich deren Willen beugte, da sie ansonsten nur Benachteiligungen – äussere, nicht entwicklungspsychologische – für die eigenen Kinder sah.

Im Übrigen zeigt diese Deutung, dass nicht nur die Selbstzeugnisse, sondern auch die Interpretationen durch den Historiker Sinnkonstruktionen sind: „Im Prozess des kritisch-deutenden Sinn-Verstehens […] schafft der Historiker neuen Sinn und gestaltet die Wirklichkeit mit.“[71]

2.3. Zur Durchführung von lebensgeschichtlichen Interviews

Als ein an Lebenswegen interessierter Historiker ein Interview zu führen, hat prinzipiell kaum etwas gemeinsam mit dem, was man üblicherweise, d.h. im journalistischen Kontext, darunter versteht. Aus diesem Grunde sollen hier kurz die wichtigsten Punkte beschrieben werden, die vor und während dieser Gespräche beachtet werden mussten. Der Aufbau eines lebensgeschichtlichen Interviews sieht wie folgt aus:[72]

1. Die Erzählaufforderung
2. Die von den Interviewten autonom gestaltete Haupterzählung
3. Das erzählgenerierende Nachfragen
   a. Immanentes Nachfragen
   b. Externes Nachfragen
4. Interviewabschluss
5. Notieren der grundlegenden biographischen Daten.

Im Detail bedeutet dies:

1. Der wichtigste Unterschied zu einem journalistischen Interview besteht darin, dass das Interview im Grunde nicht der Befragende, sondern der Informant ‚führt‘. Dazu soll der Interviewte zu einer möglichst freien und ausführlichen Erzählung motiviert werden. Damit dies erreicht wird, sind folgende Punkte zu beachten:

---

71 Haumann 2006, 51.

72 Detaillierte Instruktionen hierzu vgl. Rosenthal 1995, 186-207 und Fischer-Rosenthal/Rosenthal 1997, 140-147.

- Das Gespräch soll in einer nicht-autoritären, permissiven, kollegialen Atmosphäre stattfinden. Dazu gehört, auf solche Details zu achten, wie zum Beispiel die Sitzordnung: Einander schräg gegenüber zu sitzen erzeugt eine gelassenere Atmosphäre als eine frontale Sitzordnung. Das Wort Interview sollte nach Möglichkeit vermieden werden; es wirkt weniger erwartungsvoll, von einem „Gespräch" zu reden. Meistens wurden die Interviews bei den Informanten zu Hause durchgeführt; dies wurde von diesen selbst so vorgeschlagen und war einer geborgenen Atmosphäre äusserst förderlich. Nur in einem Fall zog es die Gesprächspartnerin vor, sich in einem neutraleren Rahmen zu treffen. Dieses Interview fand in einem Nebenraum des Museums für Lokalgeschichte statt.
- Vor dem Interview sollte man sein Vorhaben nicht allzu detailliert umreissen, da dies das Gespräch beeinflussen könnte: Der Informant könnte die ‚verlangten' Antworten und Argumentationen liefern wollen.
- Der Interview-Stil soll weder allzu direkt, noch kontradiktorisch sein. Statt einer Eingangsfrage sollte eine thematisch und zeitlich möglichst offene Erzählaufforderung formuliert werden. Der Anfangs- und Endpunkt der Erzählung sollte möglichst vor bzw. nach dem uns hauptsächlich interessierenden Zeitraum liegen. Ebenso ist es nicht ratsam, den gewünschten Anfangs- oder Endpunkt der Erzählung an einem wichtigen historischen Epochenwechsel anzusetzen: Damit versperrt man sich wenigstens teilweise den wichtigen Perspektivenwechseln, die gerade solche Zeitenwenden – wie beispielsweise der Beginn der Perestrojka oder das Ende der Sowjetunion – beim Gesprächspartner eventuell hervorgerufen haben. Eine methodisch nicht ganz ‚perfekte', aber meines Erachtens spontane und gelungene Erzählaufforderung, die thematisch offen war, aber dennoch einen gewissen Orientierungspunkt setzte, so dass die Gesprächspartnerin gleich ‚einsteigen' konnte, war jene im Interview mit Anna Jur'eva: „Mich interessiert hauptsächlich einfach einmal Ihr Leben. Ihre Umgebung, zu Ihrem Leben gehören ja allerlei Personen, auch die, die Ihnen am nächsten stehen: Die Kinder, der Ehemann, die Eltern und auch jene Menschen, mit denen sie arbeiteten. All das interessiert mich. Vielleicht beginnen Sie einfach damit, wo und wann Sie geboren wurden, wie sie im Elternhaus lebten?"[73]

2. Für die Haupterzählung ist Folgendes zu beachten:
- Periodische zurückhaltende, nicht-verbale Zeichen der Aufmerksamkeit in Form von Körpersprache oder einem gelegentlichen „hm" oder „aha" sind wichtig für das Gedeihen des Gesprächs. Während des gesamten Interviews sollte man sich optimalerweise zu zweit im Raum aufhalten und nicht von Dritten gestört werden.
- Interventionen sollten nicht zu früh und unüberlegt einsetzen. Auch wenn der Erzähler längere Zeit ‚um den heissen Brei' redet, sollte er nicht sofort ange-

73 Interview Jur'eva, Z. 1-4.

wiesen werden, er solle doch bitte bei seiner Kindheit beginnen. Ein zu rasches Eingreifen würde Desinteresse signalisieren und einer vertraulichen Gesprächsatmosphäre im Wege stehen. Zudem lassen sich gewisse thematische Ausschweifungen oft erst im Nachhinein mit der Haupterzählung in Verbindung bringen. Um den Erzählfluss nicht zu stören, sollte in der Erzählphase der Informant möglichst wenig mit Detaillierungsfragen, besonders ‚w-Fragen' („Wann war das?", „Wo war das?" etc.), oder gar mit Fragen zu anderen Erlebnissen unterbrochen werden. Dadurch werden die Antworten immer knapper. Werden die Informanten hingegen nicht durch Interventionen in ihren sich aufbauenden Erinnerungen unterbrochen, so werden die Erzählsequenzen tendenziell immer länger: Der fragile Erinnerungsprozess beginnt zu gedeihen, und aus dem Gedächtnis des Erzählers tauchen mehr und mehr Erlebnisse und Erfahrungen auf. Dieser Punkt ist in der Praxis der Interviewführung jedoch besonders schwer einzuhalten. Erstens kann es sein, dass eine Person von Anfang an trotz aller Bemühungen nur schleppend zu einer autonomen Erzählweise animiert werden kann. Dies war z.B. beim Gespräch mit Anastasija Matrëchina der Fall. Wenn das Stocken anhält, erschöpfen sich die offenen Fragen irgendwann, und es muss wohl oder übel zum Einsatz von Detaillierungsfragen kommen, die zwangsläufig das Gespräch in die eine oder andere Richtung steuern. Zweitens ist die Versuchung gross, zu unterbrechen und zu fragen: „Wann war das?", „Wo war das?" etc., wenn der Erzähler nicht streng chronologisch einfach nur das erzählt, was sich ihm in seiner Erinnerung gerade darbietet. Oft kann man sich selbst mit solchen Fragen kaum zurückhalten und muss bei der anschliessenden Transkription feststellen, dass die eigenen Interventionen zu einer Verknappung der Ausführungen führten. Deshalb sollten eigentlich jegliche Fragen notiert und auf den dritten Teil verlegt werden.

- Oft kommt der Gesprächspartner immer mehr in Fahrt, je länger das Interview andauert, weil sich seine Erinnerungen immer mehr öffnen und neue hervorrufen. Die Aufmerksamkeits-Kurve des Interviewenden verläuft gegenläufig: In der gleichen Zeit nimmt sie immer mehr ab, was angesichts der Fülle an neuen und oft chronologisch ungeordneten Informationen über nicht selbst Erlebtes verständlich ist. Ich konnte an mir selbst feststellen, wie ich mich gegen Ende eines Interviews immer weniger an die Regeln der Interviewführung hielt und eher zu unterbrechen begann, wenn die Gesprächspartnerin scheinbar irrelevante Informationen zum Besten gab.

3. Das Nachfragen besteht aus zwei verschiedenen Teilen:
   a. Immanentes Nachfragen
   Im Idealfall sollten erst nach Abschluss der Haupterzählung Verständnisfragen gestellt werden und sich zuvor ergebene Unklarheiten aus dem Weg geräumt werden. Hierzu dienen dem Interviewer die während der Haupterzählung notierten Fragen.

b. Externes Nachfragen
Anschliessend können noch erzählgenerierende, das heisst wieder möglichst offen gestellte Nachfragen zu Themen oder Lebensphasen gestellt werden, die vom Informanten nicht oder nur knapp angesprochen wurden. Dazu wurde zuvor eine Liste von Themen angefertigt, die in jedem Interview angesprochen werden sollten (siehe Kap. 2.3.1.).

4. Interviewabschluss
Am Ende des Interviews sollte der Gesprächspartner gefragt werden, ob es Themen gibt, die noch nicht angesprochen wurden, ob er noch etwas hinzufügen möchte und ob er mit dem Gespräch zufrieden ist.

5. Notieren der grundlegenden biographischen Daten
Nun sollte der Interviewpartner noch über die biographischen Eckdaten wie die Namen, Geburtsjahre und -orte sowie Arbeitsorte von ihm selbst und den wichtigen Personen in seinem Leben befragt und ein entsprechender Fragebogen ausgefüllt werden. Diese Daten sind als Orientierungspunkte für die spätere Analyse unabdingbar, sollten aber erst nach Abschluss des Interviews erhoben werden, damit der Interviewte nicht den Eindruck hat, wir wären nur am Sammeln von ‚harten Fakten' interessiert. Es handelt sich um eine qualitative Studie, und dies soll auch der Interviewpartner implizit mitbekommen.

2.3.1. Die Rekrutierung der Interviewpartnerinnen

Wie bereits erwähnt, ist bei Basisinterviews der Kreis der als Interviewpartner in Frage kommenden Personen eher weit gefasst. Ausser dass die zu interviewende Person sich selbst zumindest teilweise als Same oder Samin betrachten muss, galten noch folgende Kriterien:

Alter: Da der hauptsächlich zu untersuchende Zeitraum recht weit gefasst ist, waren die Altersvorgaben auch nicht besonders streng. Als Kriterium wurde deshalb festgelegt, dass die Interviewpartner auf jeden Fall pensioniert sein müssen.

Geschlecht: Dieses spielte von vornherein keine Rolle. Wie bereits in einer Fussnote erwähnt wurde, ist es eher dem Zufall zu verdanken, dass ausschliesslich Frauen interviewt wurden. Die angefragten Männer waren zum Zeitpunkt meiner Forschungen vor Ort alle nicht erreichbar. Kein Zufall ist jedoch, dass unter den altersmässig in Frage kommenden Personen der Anteil der Frauen grundsätzlich bedeutend höher ist als jener der Männer: Hierin spiegelt sich die massiv tiefere Lebenserwartung der Männer.

Ausbildung und beruflicher Werdegang: Hier waren keine besonderen Grenzen gesetzt, ausser dass die Personen nicht zu einer Elite – im in Kapitel 2.2. beschriebenen Sinne – gehören durften.

Wohnort: Da es in der vorliegenden Arbeit nicht um das Schicksal der dauerhaft von der Kola-Halbinsel ausgewanderten Samen geht, war ein zwingendes

Kriterium, dass die Person den überwiegenden Teil ihres Lebens auf der Kola-Halbinsel verbracht hat.

Der Kontakt zu den Interviewpartnerinnen wurde über Frau Anna Prachova hergestellt, einer Samin, die in Murmansk lebt, in verschiedenen gesellschaftlichen Einrichtungen tätig ist und an der pädagogischen Universität Murmansk unterrichtet. Um die potentiellen Gesprächspartner nicht abzuschrecken, war es sinnvoll, dass eine ihnen bekannte Person (Frau Prachova) anstatt ein unbekannter ausländischer Historiker ihnen erstmalig vom Projekt berichtete. Dank Anna Prachovas Sondierungen entstand so eine Liste von grundsätzlich zu einem Interview bereiten und den Auswahlkriterien entsprechenden Personen. Mit wem es anschliessend tatsächlich zu einem Treffen kam, entschied schlussendlich der Zufall: Meine Verweildauer in Murmansk und Lovozero war eher kurz, so dass eine Zusammenkunft auch von der aktuellen Verfügbarkeit der Personen abhing.

Das mitspielende Zufallsmoment entspricht durchaus den Absichten der vorliegenden Untersuchung, denn, ausser den obengenannten Kriterien, sollten auf keinen Fall noch weitere biographische Details zur Kandidatenauswahl beitragen – kein Lebensweg ist ‚besser' als der andere.

2.3.2. Der Themenkatalog

Vor der Durchführung der Interviews wurde ein Katalog von Themen erstellt, die in jedem Interview zur Sprache kommen sollten. Falls die Gesprächspartner diese Themen in der Haupterzählung nicht von sich aus ansprachen, wurden sie im anschliessenden Nachfrageteil behandelt.[74]

Folgende Themen wurden angesprochen, wobei die Reihenfolge unverbindlich war:[75]

- Orte und Stationen des Lebens
- Das Verhältnis zur russischen und samischen Sprache
- Alkoholismus
- Kollektivierung und Stalinismus
- Gab es Erniedrigungen aufgrund der ethnischen Zugehörigkeit?
- Gab es Fälle, in denen es im Gegenteil hilfreich war, Same zu sein?
- Haus: Hierarchische Ordnung, Erziehung, Feste und Feiertage, Brauchtümer, Essgewohnheiten

---

74 Eine Ausnahme stellt das Interview mit Anastasija Matrëchina dar, das rund ein Jahr vor den anderen Interviews spontan und relativ unvorbereitet stattgefunden hatte und für das kein solcher Themenkatalog zur Verfügung stand.

75 Der Themenkatalog wurde zu grossen Teilen aus dem Forschungsprojekt „Das Schtetl in der Sowjetunion" übernommen, das unter der Leitung von Prof. Dr. Heiko Haumann steht und im Rahmen dessen ich ein lebensgeschichtliches Interview geführt hatte. In diesem Projekt geht es ebenfalls um die Lebensumstände einer Minderheit in der Sowjetunion, den Juden. Deshalb konnten zahlreiche Fragen übernommen werden. Zusätzlich wurden weitere Themen in den Katalog aufgenommen, vor allem solche, die spezifisch mit den Samen zusammenhängen.

- Schule: Bildungsstufen, Bildungschancen, Lehrkräfte, Mitschüler, Wahlfreiheit
- Arbeit: Bedingungen, Berufswahl, Vorgesetzte, Kollegen
- Gesundheit und Krankheit
- Leben in der Tundra/im Dorf/in der Stadt: Gemeinschaften, Konflikte, Infrastruktur
- Kontakte mit anderen Samengemeinschaften (auch aus den nordischen Staaten), mit den Russen und mit anderen Ethnien
- Gab es Träume von einem Leben in der Stadt?
- Gedanken über die Gegenwart: Was ist besser, was schlechter? Zukunftsaussichten für das samische Volk?
- Religion
- Liebe und Heirat: Partnerwahl, Russen oder Samen?, Verbote und Tabus
- Einfluss politischer, kultureller und gesellschaftlicher Ereignisse auf das örtliche und persönliche Leben (z.B. Stalins Tod, der ‚Sputnik-Schock', die Einführung von Radio und Fernsehen)
- Blick zurück: Wird im Rückblick das Leben in der Sowjetunion anders wahrgenommen als früher?
- Lieder, Verse oder Kunsthandwerk: Welche Rolle nahmen sie im Leben ein?

2.4. Technische Aspekte der Transkription und der Auswertung der Interviews

Alle fünf Interviews wurden aufgenommen und anschliessend vollständig in der Originalsprache (Russisch) transkribiert. Die Transkription ist nicht lautsprachlich, sondern hält sich weitgehend an die orthographischen Regeln des Russischen, wobei die Sprache leicht geglättet wurde. Die zur Darstellung lautlicher Nuancen der Rede erforderlichen Transkriptionszeichen wurden sowohl für die russische Originalversion der Interviews als auch für die ins Deutsche übersetzten Zitate übernommen. Das System der Transkriptionszeichen wurde von Rosenthal (1987) übernommen. Die russischen Transkriptionen weisen eine Zeilennumerierung auf. Eine Liste der Transkriptionszeichen findet sich im Anhang.

In den Text der Arbeit direkt eingefügte Zitate werden sowohl in der russischen Originalfassung als auch in einer deutschen Übersetzung angeführt. In Fussnoten werden die entsprechenden Zeilennummern für den Gesamttext des Interviews angegeben. Die Übersetzung der direkten Zitate ins Deutsche ist stilistisch geglättet, da es nur schwer möglich ist, die Unebenheiten der spontanen, gesprochenen Rede (abgebrochene Sätze oder Wörter, Kasus-Inkongruenzen usw.) eins zu eins wiederzugeben.

Gemäss der allgemeinen Usanz bei geschichtswissenschaftlichen Abhandlungen, in denen mit lebensgeschichtlichen Interviews gearbeitet wird, wurde auf Namensänderungen verzichtet. Von allen Interviewpartnerinnen liegt die ausdrückliche Erlaubnis vor, ihre Aussagen ohne Änderungen zu transkribieren und zu zitieren.

Für die Transkription wurden keine besonderen Hilfsmittel in Anspruch genommen, da noch keine genügend fehlerfrei arbeitende Spracherkennungs-Software existiert, die den Transkriptionsprozess nennenswert beschleunigen könnte. Sie wurden mit Hilfe eines Players und eines Textverarbeitungsprogramms transkribiert.

Die bereits transkribierten Interviews wurden mit Hilfe des Computerprogramms MAXQDA 2007 – einer in der qualitativen Interviewforschung seit langer Zeit etablierten Software – codiert. Die Resultate der Codierung mit diesem Programm ähneln in Vielem der Sequenzierung, wie sie Rosenthal (1987) anwendet, schliessen aber gleichzeitig die Sortierung der einzelnen Sequenzen nach Themenbereichen (Codes) mit ein, so dass anschliessend alle für einen Code relevanten Sequenzen aus sämtlichen Interviews auf einen Blick abrufbar sind.

3. Die Samen Russlands bis zur Oktoberrevolution

Die Kola-Halbinsel hat unter den nördlichen Gebieten des russischen Staates schon immer eine besondere Stellung eingenommen, die sie einerseits ihrer relativen Nähe zum europäischen Russland und andererseits der Nähe zu Norwegen, Schweden und Finnland zu verdanken hat. Die Kola-Halbinsel wurde früher als Sibirien von Russen kolonisiert. Zudem gab es stets auch Handelskontakte zu den Völkern in den benachbarten Gebieten: den Kareliern, Norwegern, Schweden und Russen. Dank diesen Kontakten begann sich die Kultur der Samen schon sehr früh in vielen Bereichen zu wandeln, und es wäre verfehlt zu behaupten, dass sich erst durch die Entstehung der Sowjetunion die traditionelle Lebensweise der Samen verändert habe. Einer genaueren Betrachtung der Kolonisationsgeschichte der Kola-Halbinsel soll jedoch ein kurzer Überblick über die wichtigsten Züge der traditionellen Lebensweise der Samen vorangehen. Obwohl die Lebensgeschichten der Interviewpartnerinnen erst in Kapitel 4 vorgestellt werden, sollen der Anschaulichkeit halber bereits hier einige Aussagen der Informantinnen über ihre Vorfahren zitiert werden.

3.1. Die ursprüngliche Lebensweise

Wie alle subpolaren Weltregionen, ist auch das Siedlungsgebiet der Samen von der Rentierzucht geprägt. Es lassen sich jedoch in der traditionellen Art der Zucht auf der Kola-Halbinsel einige Merkmale ausmachen, die sie stark von der Rentierzucht anderer Völker des hohen Nordens Russlands und Sibiriens unterscheidet. Dies sind vergleichsweise kleine Herden und das unbeaufsichtigte Weiden während der Sommermonate (*vol'nyj vypas*); die Rentiere gelten deshalb als halbdomestiziert.[76] Im November werden die Tiere mit der Hilfe von Hunden zur Überwinterung wieder eingesammelt und gegen Süden getrieben, wo sie näher an den Wintersiedlungen der Samen (*zimnie pogosty*) grasen und so auch leichter vor Wölfen zu schützen sind.[77] Daraus resultiert die traditionelle halbnomadische Lebensweise der Samen, im Gegensatz etwa zu den Komi, die schon früher auf eine sesshafte Lebensweise mit einer auf Expansion ausgerichteten Rentierzucht umgestiegen waren.

Diese Lebensweise hat keine meiner Interviewpartnerinnen direkt miterlebt, doch erzählt Nina Afanas'eva in diesem Zusammenhang von ihren Eltern:

> O: […] а потом переезжали вот, скажем, наши саамы, мои родители, все кто жили в этом маленьком поселке, они сконцентрировались в зимней деревне. Это по-саамски «Тальв Сейд». Это было местное название, по-русски Семиостровье, это в глубине материка Кольского полуострова. Переезжали в лес-

76 Vgl. Luk'jančenko 1994, 310.

77 Vgl. Robinson/Kassam 1998, 12 f.

ную зону. Там, понимаешь, дров больше и ягель лучше для прокормки вот оленей. Кочевая жизнь с оленем была связана. //

A: Später [zu Beginn des Winters] zogen unsere Samen um, meine Eltern, alle, die in dieser kleinen Siedlung [am Meer] wohnten, und konzentrierten sich im Winterdorf. Dieses nannte sich auf Samisch «Tal'v Sejd». Auf Russisch ist das Semiostrov'e, das befand sich tief im Inland der Kola-Halbinsel. Wir zogen ins Waldgebiet. Dort gab es mehr Brennholz, und das Rentiermoos war besser für das Durchfüttern der Rentiere, verstehst du? Das Nomadenleben war mit den Rentieren verbunden.[78]

Dass die Rentierzucht der Samen, solange sie noch nicht fremden Einflüssen ausgesetzt war, halbnomadisch und subsistenzwirtschaftlich organisiert war, hat vor allem mit der relativen Kleinräumigkeit der Kola-Halbinsel zu tun – etwa im Vergleich zu den Siedlungsgebieten anderer Völker westlich und östlich des Urals. Da sich die Vegetation der Tundra, besonders das Rentiermoos (wiss. Lichen, russ. *lišajnik/jagel'*), zum Teil extrem langsam erholt, ist die ‚verstreute' Art des Weidens besonders nachhaltig.[79]

Die halbnomadische Lebensweise der Samen ergab sich somit aus den Migrationsbewegungen der Rentiere. Diese haben einerseits mit den Bären zu tun, die sie verfolgen, und andererseits mit den im Sommer im Inland allgegenwärtigen Stechmücken und anderen Insekten, vor denen sich die Rentiere ans windige Ufer der Barentssee flüchten.[80]

Als Charakteristika der traditionellen Rentierzucht auf der Kola-Halbinsel können somit gelten:[81]

- Halbdomestizierte Rentiere, unbeaufsichtigtes Weiden
- Sommermigration zur Barentssee
- Herden von nicht mehr als 2500 Tieren
- Keine expansive, sondern an Subsistenzwirtschaft und Nachhaltigkeit orientierte Zucht

Neben der Rentierzucht waren traditionell die Jagd, der Fischfang, das Sammeln von Beeren sowie die Robbenjagd für die Samen von zentraler Bedeutung.[82]

Die traditionellen Siedlungen der Samen waren mit Einwohnerzahlen von unter hundert bis ein paar hundert sehr klein. Die Familien wohnten jedoch meistens nicht in grossen Verbünden unter einem Dach, da sich die Söhne nach der Heirat meistens mit ihrer neuen Familie in eine neue Behausung begaben. Die Arbeit war nie besonders streng in Männer- und Frauenaufgaben unterteilt, doch tendenziell waren die Frauen eher für das Fischen in den Süsswasserseen, das

78 Interview Afanas'eva, Z. 21-25.
79 Vgl. Klement'ev/Šlygina 2003, 67.
80 Vgl. Robinson/Kassam 1998, 77 f.
81 Vgl. Robinson/Kassam 1998, 104.
82 Vgl. Luk'jančenko 1994, 310 f.

Beerensammeln, Nähen und Kochen zuständig, während die Männer für die Rentiere und die Jagd verantwortlich waren.[83]

Im Folgenden sollen kurz die mannigfaltigen Veränderungen geschildert werden, die aufgrund der frühen Kolonisierung der Kola-Halbinsel im Leben der Samen eingesetzt haben.

3.2. Religion: Schamanismus, Christianisierung, Atheismus

Im vorchristlichen Glauben der Samen spielten Schamanismus, die göttliche Verehrung von Sonne und Mond sowie zahlreicher Naturvorkommnisse eine wichtige Rolle. Jeder Erwerbszweig, beispielsweise der Fischfang und die Jagd, stand unter dem Schutz einer bestimmten Gottheit. Zudem nahmen zahlreiche Geister, die in Seen, in der Luft und auf der Erde wohnten, eine wichtige Rolle ein. Besonders wichtige Kultstätten waren sogenannte *sejd*, grosse Felsbrocken, die als heilig galten und denen Opfergaben, z.B. Rentierblut, gebracht wurden.[84]

Die Christianisierung der Samen begann bereits im sechzehnten Jahrhundert und führte zu einer kulturellen Annäherung an die bereits damals auf der Kola-Halbinsel lebenden Russen. Eine wichtige Rolle spielte hierin das 1550 gegründete Kloster von Pečenga (Petsamo).[85] Bereits seit Jahrhunderten sind deshalb auch die Namen der Samen russifiziert.[86] Wie andere Völker des Nordens auch, legten die Samen nach der Christianisierung ihren früheren Glauben nicht ab. Dies wurde im Alltag jedoch durchaus nicht als Widerspruch gesehen (*dvoeverie*).[87]

Durch die starke Vermischung mit der russischen Kultur und die weitreichenden Veränderungen, die die Sowjetunion mit sich brachte, hat der Schamanismus heute – im Gegensatz zu zahlreichen Völkern in Sibirien – keine Bedeutung mehr;[88] dies bezeugt auch Anna Jur'eva:

> В: […] Я сейчас не помню, когда саами стали православными, но ведь были другие религиозные обряды до-православные, скажем.
> О: Нет, все время была православная церковь, все время была эта религия.
> В: Значит, шаманизм вас не касался никак?
> О: Нет. Были шаманы, были тоже шаманы. У саамов были, шаманили. Но религию не трогали, были. А я тоже выросла, в мое время уже не было шаманов. Это бабушка рассказывала, были шаманы.
> В: И сейчас это дело исчезло?
> О: Сейчас не знаю. Таких нету, нету. //

> I: […] Ich kann mich jetzt nicht erinnern, wann die Samen orthodox wurden, aber es gab doch, sagen wir, auch andere, vorchristliche religiöse Riten.

83 Vgl. Klement'ev/Šlygina 2003, 108 f.
84 Vgl. Luk'jančenko 1994, 312.
85 Vgl. Luk'jančenko 1994, 310.
86 Vgl. Konstantinov/Vladimirova 2002, 11.
87 Vgl. Bol'šakova 2005, 36 f.
88 Vgl. Luk'jančenko 1994, 312.

A: Nein, wir hatten immer die orthodoxe Kirche, wir hatten immer diese Religion.
I: Heisst das, der Schamanismus hat Sie in keiner Weise betroffen?
A: Nein. Es gab Schamanen, es gab auch Schamanen. Die Samen hatten welche, es gab Schamanen. Aber sie tasteten die [orthodoxe] Religion nicht an. Und als ich aufwuchs, gab es bereits keine mehr. Das hat mir die Grossmutter erzählt, dass es Schamanen gab.
I: Und jetzt gibt es das nicht mehr?
A: Jetzt weiss ich nicht. Das gibt's nicht mehr, nein.[89]

In den 1920er und 1930er Jahren wurden sowohl Popen als auch Schamanen zu Volksfeinden erklärt, Kirchen umfunktioniert oder abgerissen, und durch die Etablierung eines sowjetischen Erziehungssystems wurde der Atheismus immer stärker durchgesetzt.[90] Mehr Informationen hierzu finden sich im Kapitel *Repressionen und Terror unter Stalin* (Kap. 5.2).

3.3. Verschriftung und Verschriftlichung der samischen Sprache

Die Samen der Kola-Halbinsel waren bis in die Sowjetzeit hinein weitgehend nicht alphabetisiert. Dennoch wurden mit der missionarischen Tätigkeit des Klosters Pečenga immer wieder von russischen Geistlichen Texte ins Samische übersetzt und aufgeschrieben. Der Mönch Feodorit Kol'skij übersetzte im sechzehnten Jahrhundert einige Gebete in die samische Sprache. Im neunzehnten Jahrhundert wurden weitere religiöse Texte ins Samische übersetzt, ohne dass die Sprache jedoch in irgendeiner Art kodifiziert worden wäre. Einen ersten Versuch in diese Richtung stellt die *Azbuka dlja Loparej* dar, verfasst von einem Geistlichen namens Konstantin Ščekoldin. Dieser eröffnete 1888 auch die erste Schule für die Samen der Region.[91]

Mehrere Versuche einer Kodifizierung des Samischen wurden in den 1920er und 1930er Jahren sowie ab Ende der 1970er Jahre unternommen. Alle Versuche blieben jedoch mehr oder weniger erfolglos. Mehr Informationen hierzu sind dem Kapitel zur Rolle der samischen Sprache im sowjetischen Bildungswesen (Kap. 5.4.4.1) zu entnehmen.

3.4. Die Immigration der Komi und Nenzen

Die vergleichsweise regen Migrationsbewegungen auf die Kola-Halbinsel haben die Samen früh in Kontakt mit anderen Völkern gebracht. Deshalb blieb ihre Lebensweise von zahlreichen verschiedenen Einflüssen nicht unberührt. Die relative Nähe zu Zentralrussland zog viele Siedler an; die dünne Besiedlung des Gebietes tat ein weiteres dazu, dass die Präsenz der Samen neue Siedler nicht davon abhielt, sich auf der Kola-Halbinsel niederzulassen. Zudem war es im In-

89 Interview Jur'eva, Z. 55-63.
90 Vgl. Sarv 1996, 133.
91 Vgl. Bol'šakova 2005, 170.

teresse des Zaren, wenn sich in diesem strategisch wichtigen Grenzgebiet möglichst viele Russen ansiedelten.

Erste Kontakte mit Russen gab es aber schon lange vor der Entstehung des russischen Imperiums. Bereits seit dem 12. Jahrhundert gab es Siedler aus Russland, vor allem aus der Region Novgorod, die sich am Südufer der Kola-Halbinsel am Weissen Meer ansiedelten.[92] Dieses Gebiet bewohnen bis heute traditionell nicht Samen, sondern Russen. Diese russischen Kolonisten nannte man bis ins neunzehnte Jahrhundert hinein Pomoren *(pomory)*, wobei dieses Wort auch heute noch in der Region Murmansk jedem geläufig ist.

Die Besiedlung der Kola-Halbinsel wurde vom russischen Staat stets gefördert, um eine politische und religiöse Expansion von Westen her zu verhindern. Zwar waren die Staatsgrenzen bis zur Oktoberrevolution durchlässig, doch eine religiöse Grenze bestand schon lange. Während die russischen Samen orthodox waren, hatten die Schweden und Finnen den westlichen Samen den lutheranischen Glauben gebracht. Die seit dem sechzehnten Jahrhundert missionarisch tätigen Klöster der Kola-Halbinsel wurden mit der Zeit zu den grössten Landbesitzern – in einem Land, dessen Eingeborene ursprünglich keinen Begriff von Landbesitz hatten. Nachdem 1766 der Staat den Besitz der Kirche stark reduziert hatte, blieb dieser der grösste Landbesitzer, dessen Boden die Samen und Pomoren benutzen durften. Eine wohlhabende Adelsschicht mit Landbesitz *(pomeščiki)* hat sich im Gegensatz zu Zentralrussland hier nicht gebildet, weshalb die Abschaffung der Leibeigenschaft für die Bevölkerung der Kola-Halbinsel keine besonders relevante Zäsur war.[93]

So hat es sich ergeben, dass, wie uns der Schriftsteller und Hobby-Ethnologe Nemirovič-Dančenko informiert, bereits im neunzehnten Jahrhundert nahezu alle Samen Russisch sprachen, sogar oft beide Sprachen miteinander vermischend, und regen Kontakt zu den Russen hatten.[94]

Einen viel gravierenderen Einschnitt stellte für die Samen die unerwartete Migrationsbewegung von Komi und Nenzen aus dem Ižma-Becken westlich des Urals auf die Kola-Halbinsel dar, die sich in den 1880er Jahren ereignete. Die Komi (auch genannt *ižemcy*), und mit ihnen die Nenzen als angestellte Hirten, trieben auf der Suche nach neuem Lebensraum riesige Herden von bis zu 5000 Rentieren auf die Kola-Halbinsel. Über die Gründe dieser Migrationsbewegung herrschte bis vor kurzem die Meinung vor, dass sie von einer Epidemie unter den Rentieren ausgelöst wurde. Nach einer Archiv-Recherche kommt Konstantinov (2005) jedoch zu einem anderen Schluss: Gemäss polizeilichen Akten wurde einer ersten Gruppe von Komi verboten, auf die Kola-Halbinsel zu ziehen, um den Samen eine ungestörte Lebensweise zu garantieren. Die Komi hatten um eine Niederlassung auf der Kola-Halbinsel gebeten, weil sie aufgrund der Überfüllung ihrer Weidezonen neue Gebiete erschliessen mussten. Trotz Ableh-

92 Vgl. Luk'jančenko 1994, 310.
93 Vgl. Konstantinov/Vladimirova 2006, 119.
94 Zit. nach Bol'šakova 2005, 173.

nung des Gesuchs durch die Behörden zogen immer mehr Komi auf die Halbinsel, und erstaunlicherweise hatte sich um 1890 die Haltung der Gesetzesvertreter aus dem fernen Verwaltungszentrum Archangel'sk – auf der Kola-Halbinsel existierten damals noch keine Städte – radikal geändert: Die Komi wurden für ihre Geschäftigkeit gelobt, und deren Besiedlung der Kola-Halbinsel legalisiert, wie aus dokumentarischen Quellen hervorgeht.[95] Die „lappische Rasse" wurde vom Gouverneur als aussterbend bezeichnet, wobei dies als Offizialisierung der während der Sowjetzeit fortgesetzten „backwardness vs. progressiveness"-Ideologie gesehen werden kann.[96]

Auf der Kola-Halbinsel nahmen die Komi sehr schnell eine sozial dominante Rolle ein. Anna Jur'eva berichtet:

> O: Они, знаете, враждовали до войны, говорят, я-то не здесь [в Ловозере] жила так. Вот по людским только словам слышала, что они враждовали, вот это коми на саами враждовали. Потому что они сюда приехали, стали командовать над землей. Советская власть тогда не это- не командовала. Они стали- значит, там наша земля или что ли, в общем как делить? А вот которые были саами-то, жили-то со стадами, они были- земли разделенные тоже там вот в тундре. Как вот мой прадедушка-то, он в Умбозере же жил на горах. У них тоже было разделено. […] И вот как коми сюда приехали, вот с саамами из-за этого враждовали, но потом они как-то помирились.
> В: И при вас уже не было конфликтов?
> O: Нет. Нет. Нет (3) Они приехали меня еще на свете не было сюда когда. //

> A: Wissen Sie, man sagt, dass sie vor dem Krieg verfeindet waren, aber ich hab ja damals nicht hier [in Lovozero] gelebt. Ich weiss nur vom Hörensagen, dass sie verfeindet waren, die Komi waren den Samen feindlich gesinnt. Weil sie hierhergekommen sind und angefangen haben, über das Land zu kommandieren. Die sowjetische Staatsmacht regierte damals noch nicht. Sie haben also angefangen zu sagen, das ist unser Land und so, wie aufteilen? Und jene, die Samen waren, die lebten mit den Herden, sie waren- die Böden wurden auch in der Tundra aufgeteilt. So auch mein Urgrossvater, er lebte ja in Umbozero in den Bergen. Auch bei ihnen gab es Aufteilungen. […] Und deswegen waren die Komi, als sie hierherkamen, mit den Samen verfeindet, doch dann haben sie irgendwie Frieden geschlossen.
> I: Gab es zu Ihren Lebzeiten noch Konflikte?
> A: Nein, nein, nein. (3) Als sie hierherkamen, gab es mich noch gar nicht.[97]

Das Abklingen dieses ethnischen Konfliktes nach der Kollektivierung wird von den anderen Interviewpartnerinnen weitgehend bestätigt. Nur Anastasija Matrëchina hatte noch Bedenken, als sie 1958 die Wahl hatte, nach Lovozero zu ziehen, wo ausser Russen viele Samen, Komi und Nenzen leben, oder nach Gremicha (heute Ostrovnoj), wo hauptsächlich russische Militärangehörige leben. Im Gegensatz zu ihrem Vater zog sie die russische Umgebung in Gremicha vor:

95 Vgl. Konstantinov 2005, 174 f.
96 Vgl. Konstantinov 2006, 6.
97 Interview Jur'eva, Z. 325-337.

O: […] Мы тут [в Гремиху] переехали, не наш-то край стал. Русские живут. Отец пожалел: "Надо было потерпеть и уехать в Ловозеро." Я говорю: "В Ловозеро я бы в жизни не поехала! Там все разные нации." В общем, я все боялась, в Каневке такие были, «ижме» [коми-ижемцы] были. Лопарей они все так не любили. В Каневке и в Ловозере, там больше «ижме» были. Нация такая. По нашему: «ижме». По-русски не знаю как. //

A: […] Als wir hierher [nach Gremicha] zogen, war das nicht mehr unser Land. Hier lebten die Russen. Der Vater bereute es: „Wir hätten nach Lovozero fahren sollen." Ich antwortete: „Nach Lovozero würde ich nie im Leben ziehen! Dort gibt's alle möglichen Völker." Ich hatte einfach Angst, [auch] in Kanevka gab's solche, «ižme» [Komi aus dem Ižma-Becken]. Die mochten die Lappen nicht. In Kanevka und in Lovozero, dort gab's mehr «ižme». So ein Volk gibt's. Auf Samisch [heissen sie] «ižme», auf Russisch weiss ich nicht.[98]

Insgesamt jedoch waren die Differenzen zwischen den Komi und den Samen in allen Interviews ein wenig präsentes Thema, obwohl ich es jeweils angesprochen habe. Dies ist vor allem damit zu erklären, dass angesichts der massenhaften Kolonisierung der Kola-Halbinsel durch Russen, Ukrainer und Weissrussen die zahlenmässig weit unterlegenen uralischen Völker der Samen, Komi und Nenzen nun in einem Boot sassen und deren Konflikte untereinander eher in den Hintergrund traten.

Die Komi waren, im Gegensatz zu den Samen und Nenzen, bereits seit dem siebzehnten und achtzehnten Jahrhundert keine Nomaden mehr und betrieben eine sehr extensive Art von Rentierzucht, die auch kapitalistische Methoden wie Herstellung und Export von Primär- und Sekundärprodukten bis nach Moskau und Norwegen umfasste.[99] Diese war durch die weiten Ebenen westlich des Urals auch möglich gewesen. Auf der verhältnismässig kleinräumigen und hügeligen Kola-Halbinsel verdrängten die Komi jedoch mit ihrer viel Platz beanspruchenden Art von Rentierzucht sehr schnell die im ökologischen Gleichgewicht betriebene Subsistenzwirtschaft der Samen; dies führte auch zu einem sozialen Abstieg der Samen.[100] Da die Komi im Gegensatz zu den Samen ihre Rentiere während des ganzen Jahres beaufsichtigten, kam es zudem auch immer wieder vor, dass frei weidende Rentiere von Samen für entlaufen oder wild gehalten und in Herden von Komi einverleibt wurden.[101] Es pendelte sich eine soziale Ordnung ein, in der es zahlreiche wohlhabende Komi gab, für die Samen und Nenzen als Hirten arbeiteten. Natürlich gab es auch selbständige und relativ wohlhabende Samen, doch diese waren gegenüber den Komi in der Minderheit.

Es wird in der Forschung einerseits die Meinung vertreten, dass die Kultur und Wirtschaft der Komi jener der Samen eindeutig überlegen war und die Samen dies auch verstanden, es jedoch lange nicht für nötig hielten, ihre Zuchtme-

98 Interview Matrëchina, Z. 359-363.
99 Vgl. Konstantinov 2006, 4.
100 Vgl. Rasmussen 1995, 50 f.
101 Vgl. Kiseleva/Kiseleva 2000, 18.

thoden anzupassen.[102] Solche Aussagen sind im Licht der Kollektivierung und Extensivierung der Rentierzucht während der Sowjetzeit zu sehen, deren Planer sich massgeblich an den Methoden der Komi orientiert hatten.[103] Andererseits wird darauf hingewiesen, dass die Rentierzucht der Samen besser an die weniger günstigen topographischen und klimatischen Bedingungen der Kola-Halbinsel angepasst war und nicht ohne Grund in kleinen Dimensionen gehalten wurde. Zudem stellte die Rentierzucht nur eine von drei etwa gleichgewichteten Einkommensquellen der Samen dar. Jagd und besonders der Fischfang waren ebenfalls sehr wichtig.[104] Dass die Samen heute oftmals praktisch nur mit Rentierzucht in Verbindung gebracht werden, entspricht nicht ihrer ursprünglichen Lebensweise und ist vor allem mit den historischen Entwicklungen der letzten rund 150 Jahre zu erklären: Nachdem die Komi die Rentierzucht in grossen Massstäben auf die Kola-Halbinsel gebracht hatten, übernahmen die sowjetischen Planer ihr System und etablierten es.

Es wäre wohl unangemessen zu behaupten, dass ohne die Ankunft der Komi die kleindimensionierte und nachhaltige Rentierwirtschaft als kulturelles Erbe der Samen erhalten geblieben wäre. Auch in den nordischen Ländern betreiben die Samen heute eine extensive Rentierwirtschaft. Dies muss als unumgängliches Resultat der weltweiten Tendenz zu Produktivitätssteigerung in allen Bereichen in den letzten eineinhalb Jahrhunderten gesehen werden. Tatsache bleibt aber, dass die Samen bis heute sich als ungefragte Gastgeber der Komi sehen und das Verhältnis etwas angespannt ist.[105]

Hielt sich die Immigration von Komi und Nenzen zahlenmässig noch in Grenzen, so begann mit der Gründung der Stadt Murmansk 1916 und dem Bau der Bahnlinie von St. Petersburg der Strom der Zuzügler in bisher unbekanntem Ausmass zu wachsen. Die Eisenbahn bildete die erste die ganze Halbinsel durchquerende Grenze und somit das erste bedeutende Hindernis für die Rentierzucht. Einige Gemeinschaften mussten wegziehen und Weideland preisgeben. Der Bau und Betrieb der Bahnlinie schuf aber auch neue Arbeitsplätze und somit eine Verabschiedung eines Teils der Samen von ihrer traditionellen Tätigkeit.[106]

1926, kurz vor dem Beginn der Kollektivierung und somit dem ersten für die Samen spürbaren Eingriff sowjetischer Staatsmacht, führten immer noch 286 von insgesamt 371 samischen Familien ein Leben als Halbnomaden.[107] Diesem Zustand sollte der neue sowjetische Staat ein Ende bereiten.

102 Vgl. Kiseleva/Kiseleva 2000, 18 f.
103 Vgl. Konstantinov 2006, 7.
104 Vgl. Klement'ev/Šlygina 2003, 71.
105 Vgl. Konstantinov 2006, 5.
106 Vgl. Rasmussen 1995, 48.
107 Vgl. Klement'ev/Šlygina 2003, 66.

4. Die rekonstruierten Lebensgeschichten im Überblick

Bevor im fünften Kapitel die weitere Geschichte der Samen von der Kollektivierung bis zum Ende der Sowjetunion beleuchtet wird, sollen hier die Lebensgeschichten meiner Interviewpartnerinnen chronologisch geordnet und zusammengefasst dargeboten werden. Das Berufsleben aller fünf Frauen spielte sich grösstenteils genau in diesem Zeitraum ab. Erst in einem späteren Schritt (ebenfalls in Kap. 5) sollen einzelne Informationen aus den Interviews im Kontext der historischen Ereignisse tiefergehend analysiert und mit den Angaben aus der vorhandenen Literatur verglichen werden.

Die narrative und möglichst glatt gehaltene Darstellung sollte nicht darüber hinwegtäuschen, dass die hier dargebotenen Informationen das Resultat eines zum Teil aufwendigen Rekonstruktionsprozesses sind. Die Interviews sind einerseits voller Rückblenden, Vorschauen und sonstiger Einschübe, andererseits fehlen wichtige Informationen oft gänzlich. Zuweilen überschlagen sich die beim Erzählen aufkommenden Erinnerungen und Gedanken dermassen, dass es für den Interviewer nicht mehr mit vollkommener Gewissheit möglich ist, Ort, Zeit oder involvierte Personen zweifelsfrei zu bestimmen. Wie bereits aus dem theoretisch-methodologischen Kapitel hervorgegangen sein sollte, handelt es sich schon in diesem ersten Schritt nicht um einfache Nacherzählungen der Biographien, sondern um eine gleich doppelte Interpretation. Die von den Interviewpartnerinnen dargebotene Sicht der Dinge (erste Interpretation) wurde von mir rezipiert, verarbeitet und ergänzt und so zur Lebensgeschichte rekonstruiert (zweite Interpretation).

4.1. Nina Eliseevna Afanas'eva

Abbildung 2: Nina Afanas'eva (Foto: Lukas Allemann, 2008).

Nina Eliseevna Afanas'eva wurde 1939 im samischen Dorf Varzino geboren. Ihre Eltern waren erst 1937 aus der im Zuge der Kollektivierung liquidierten Siedlung Semiostrov'e ins neugegründete Varzino gezogen, wo sie definitiv sesshaft wurden. Nina Eliseevna war das jüngste Kind in der Familie, und ihre Schwestern Anastasija und Viktorija – die noch als Säugling verstarb – sowie ihre vier Brüder Artëm, Vjačeslav, Aleksandr und Dmitrij waren alle noch in Semiostrov'e geboren.

Erst nach dem Umzug nach Varzino wurden die Eltern von Nina Eliseevna Mitglieder der Kolchose. Zuvor besassen sie eine Herde von rund 150 Rentieren, eine angesichts der grossen Familie eher kleine Zahl. Die Eltern versuchten so lange wie möglich, an der Kollektivierung nicht teilzunehmen und traten als eine der letzten Familien der Kolchose bei. Dabei mussten sie ihr alles abgeben: Die Rentiere sowie die gesamte Ausrüstung. Nina Eliseevna beklagt, dass überhaupt nicht berücksichtigt wurde, wie viele nicht offiziell arbeitende Mitglieder eine Familie hatte. Mit dem kleinen Lohn aus der Kolchose, den Vater und Mutter verdienten, ging es dem insgesamt achtköpfigen Haushalt schlechter als vor der Kollektivierung.

Der Vater verstarb bereits 1942 im Alter von 53 Jahren; Nina Eliseevna war zu diesem Zeitpunkt erst drei Jahre alt. Er hatte am Ersten Weltkrieg teilgenommen und musste deshalb nicht auch im Zweiten Weltkrieg kämpfen. Zu dieser Zeit waren jedoch die meisten von Nina Eliseevnas Brüder im Krieg, weshalb der Tod des Vaters die Familie in diesem Moment besonders hart traf; Nina Eliseevnas Mutter und der daheimgebliebene Bruder Dmitrij arbeiteten im Fischfang der Kolchose und mussten mit ihrer Arbeit nicht nur sich, sondern auch Nina Eliseevna und ihre Schwester ernähren. Zwei von Nina Eliseevnas Brüdern kehrten aus dem Krieg nicht zurück.

Es gab im Krieg knapp genügend Esswaren; es wurde alles sehr genau abgewogen. Brot gab es immer zu wenig. Der im Überfluss vorhandene Fisch und das Rentierfleisch wurden den Kolchosemitgliedern in eher kleinen Mengen abgegeben. Deshalb mussten auch die Kinder mithelfen, indem sie im Sommer Beeren und Wildzwiebeln sammelten. Ein weiteres Erzeugnis der Kolchose in Varzino waren Milchprodukte, da zusätzlich zu den Rentieren Kühe importiert worden waren. Die Milchprodukte wurden per Schiff hauptsächlich ins hundert Kilometer entfernte Gremicha transportiert.

Als Witwe arbeitete Nina Eliseevnas Mutter auch nach dem Krieg in der Kolchose als *čumrabotnica* weiter. Dies bedeutete, dass sie ihre Kinder für viele Monate nicht sehen konnte, da sie zusammen mit den Hirten jeweils für den ganzen Winter die Rentierherden ins Landesinnere begleitete. Deshalb verbrachte Nina Eliseevna weite Teile ihrer Kindheit bei Verwandten. Später arbeitete die Mutter im Dorf als Viehaufseherin, um ihre kärgliche Rente von 20 Rubeln aufzubessern.

Seit der Umsiedlung nach Varzino hatten die Afanas'evs bis 1960 kein eigenes Haus. Sie wohnten während 21 Jahren bei verschiedenen Verwandten. Zunächst bewohnten sie das Haus einer Tante; sie und ihr Mann waren 1937 als Kulaken in die Verbannung geschickt worden. Nachdem Nina Eliseevnas Vater gestorben war, wechselte die Familie noch mehrmals den Wohnort, wobei Nina Eliseevna hauptsächlich in der Obhut einer Tante aufwuchs, da die Mutter die meiste Zeit in der Tundra arbeitete. Als 1960 Nina Eliseevnas Mutter endlich ein eigenes Haus bezog, konnte sie nur noch vier Jahre darin leben, da anschliessend Varzino liquidiert wurde.

Das Leben in Varzino war insgesamt härter als in Semiostrov'e, da sich das Dorf direkt an der windigen, baumlosen Küste der Barentssee befand, einem Ort, an dem Samen traditionell – dem Lebensrhythmus der Rentiere folgend – nur im Sommer weilten. Dieses Wissen der Eingeborenen war von den sowjetischen Planern bei der Gründung einer Ganzjahressiedlung nicht berücksichtigt worden. Das Nachsehen hatten die Einwohner, die im Winter das nötige Brennholz von weit her ins Dorf bringen mussten, anstatt es, wie früher, vor der Haustür zu finden. Varzino wurde bereits 1964 im Zuge einer weiteren Konzentrierung der Kolchose auf einige wenige Orte wieder geschlossen. Trotz aller Unzulänglichkeiten war Varzino Nina Eliseevnas geliebte Heimat, und es schmerzt sie bis heute, dass dieses Dorf geschlossen wurde und vor allem, dass deren Einwohner keine neue Heimat erhielten.

Nina Eliseevna besuchte die ersten vier Schulklassen in Varzino. Mit zwölf Jahren kam sie ins Internat in Gremicha. Die Zeit im Internat beschreibt Nina Eliseevna mit gemischten Gefühlen. Es war sehr eng, da die Schule für die vielen Kinder zu klein gebaut war. Das Essen war jedoch gut, auch Fleisch gab es genug. Es war zwar nicht verboten, Samisch zu sprechen, doch fand der gesamte Unterricht auf Russisch statt. Es gab im Internat auch russische Kinder, zum Beispiel von Militärangehörigen. Nina Eliseevna betont mehrmals, dass die Kinder der verschiedenen Ethnien im Unterricht vollkommen gleichberechtigt waren. Dabei darf nicht unerwähnt bleiben, dass Nina Eliseevna bereits in Varzino der offiziellen Jugendorganisation der Pioniere beigetreten und inzwischen zur Leiterin aufgestiegen war. Sie war im Internat somit wohl besonders gut in das soziale System eingefügt. Als ‚Diskriminierung' empfand Nina Eliseevna höchstens, wenn russische Schüler die samischen Kinder neckten und sie als Lappen (*lopari*) beschimpften.

Da Nina Eliseevna eine gute Schülerin war, wurde ihr nach Beendigung der siebten Klasse vorgeschlagen, die beiden letzten Schuljahre in Leningrad an der pädagogischen Universität in einer neugegründeten „Schulfakultät"[108] (*Fakul'tet Narodov Krajnego severa*) zu verbringen, die für Kinder aus Völkern des Nordens als Vorbereitung auf ein universitäres Studium diente. Nach dem Schulabschluss konnte Nina Eliseevna in Leningrad bleiben, an der Universität russische und deutsche Philologie studieren und eine Ausbildung als Lehrerin erhalten. Die Muttersprachen der angereisten Eingeborenen des Nordens waren nicht Gegenstand des Lehrplans.

Dieses Förderprogramm diente der Ausbildung einer neuen Lehrerschaft für die nördlichen Regionen Russlands, damit sich diese in Zukunft aus der Lokalbevölkerung statt wie bisher aus angereisten Lehrern rekrutieren liesse. Trotz ihrer generellen Enttäuschung über die sowjetische – und heutige – Politik gegenüber den Samen, empfindet Nina Eliseevna in diesem Punkt grosse Anerkennung gegenüber ihrem Heimatstaat. Durch ihn erhielt sie, „das wilde Mädchen aus der Tundra",[109] eine Hochschulausbildung und die Möglichkeit, in einer Millionenstadt zu leben, in der sie das vorhandene Kulturangebot regelrecht in sich aufsog. Sie nahm Ballettunterricht und hatte ein Abonnement der Philharmonie. Trotz staatlicher Förderung war das Geld stets sehr knapp, und Nina Eliseevna konnte während ihrer sieben Jahre in Leningrad nicht jedes Jahr für den Sommer nach Hause reisen. Sehr geholfen hat ihr in dieser Zeit jedoch ihre zwei Jahre ältere Schwester, die ebenfalls in Leningrad studierte.

108 Interview Afanas'eva, Z. 1394.
109 Interview Afanas'eva, Z. 1626.

Abbildung 3: August 1958, Beginn der Reise von Varzino ins ferne Leningrad (mit dem Schiff nach Murmansk, anschliessend weiter mit der Eisenbahn), um dort zu studieren (Privatarchiv von Nina Afanas'eva).

Nach dem Studienabschluss durfte Nina Eliseevna zwischen drei Orten in der Region Murmansk auswählen, an denen sie eine Stelle als Lehrerin antreten konnte. Sie entschied sich für Apatity, eine Stadt rund 200 Kilometer südlich von Murmansk. Ausschlaggebend für diese Wahl war, dass die Stadt gut an das Verkehrsnetz angebunden war. Es gibt direkte Bahn- und Flugverbindungen nach St. Petersburg, und für Nina Eliseevna war es wichtig, jederzeit die Stadt ihrer Studienzeit besuchen zu können. Sie entschied sich somit endgültig für ein urbanes Leben und gegen eine Rückkehr zur ländlichen Lebensweise.

Als Nina Eliseevna ihre Stelle 1963 antrat, wusste sie bereits, dass sehr bald ihr Heimatdorf Varzino liquidiert würde. 1964 mussten alle Bewohner Varzino verlassen, unter anderem auch Nina Eliseevnas Mutter und die zwei verbliebenen Brüder. Der Staat sah die Zusammenlegung mehrerer Kolchosen und Umsiedlung von deren Mitarbeitern nach Lovozero, dem neugeschaffenen Zentrum der Samen, vor. Das Problem war dabei, dass, wie so oft, keine Behausungen für die neu Zugezogenen zur Verfügung standen. Nina Eliseevna erzählt, wie ihre Mutter und die Brüder keinen eigenen Wohnraum und auch keine richtige Arbeit erhielten, weil dies alles einfach nicht zur Verfügung stand. Nina Eliseevna und ihre Schwester hatten schon gar nicht erst ein Anrecht auf Wohnraum in Lovozero, weil sie im Moment der Liquidierung von Varzino bereits nicht mehr dort lebten. Inzwischen hatte Nina Eliseevna jedoch eine Familie gegründet, und sie nahm ihre Mutter zu sich nach Apatity. So lebten sie verhältnismässig komfortabel zu viert in einer Vierzimmerwohnung: Nina, ihr Mann, ihre Mutter und das neugeborene Kind.

Im emotional schwersten Teil des Interviews erzählt Nina Eliseevna über das schwere Los ihrer Brüder. Sie lebten in Lovozero bis zu ihrem Tod ohne eigenen Wohnraum, stets bei Freunden oder Verwandten. Besonders hart traf das Schicksal ihren Bruder Dmitrij. Von seiner Heimat Varzino losgerissen, konnte er in Lovozero beruflich nicht mehr Fuss fassen. Da es offiziell keine Arbeitslosigkeit gab, wurde er – ein Mensch ohne normale Arbeit und Behausung – wegen Schmarotzertum (*tunejadstvo*) mehrmals festgenommen und in ein sogenanntes Profilaktorium geschickt. 1980 wurde er in Lovozero unter Umständen, die im Interview nicht geklärt werden konnten, ermordet.

Seit 1980 wohnt Nina Eliseevna mit ihrem geschiedenen Sohn in Murmansk. Sie trieb 1989 massgeblich die Gründung der Samenorganisation *Associacija Kol'skich Saamov* voran und beteiligt sich bis heute aktiv an der Verteidigung der Interessen der Samen Russlands.

4.2. Anna Nikolaevna Jur'eva

Abbildung 4: Anna Jur'eva (Foto: Lukas Allemann, 2008).

Frau Anna Nikolaevna Jur'eva wurde 1934 in Umbozero geboren. Diese Siedlung befindet sich im Landesinneren der Kola-Halbinsel, unweit von Lovozero in einem bergigen Gebiet. Traditionell lebte auch Anna Nikolaevnas Familie von der Rentierzucht, dem Fischfang und der Jagd. Der Vater arbeitete bereits vor Anastasija Nikolaevnas Geburt als Brigadenführer (*brigadir*) in der Kolchose; in ihrem Dorf hatte die Kollektivierung relativ früh stattgefunden. Zuvor waren Anastasija Nikolaevnas Eltern Besitzer einer grossen Rentierherde.

Im Gegensatz zu den stark militarisierten Küstengebieten an der Barentssee, wo die Interviewpartnerinnen Afanas'eva und Matrëchina aufwuchsen, lebten in Umbozero wenige Russen. Deshalb sprach Anna Nikolaevna kaum Russisch, als sie in die Schule kam. Sie besuchte insgesamt drei Schulklassen im Alter von zehn bis dreizehn Jahren (von 1944 bis 1947). Die späte Einschulung erklärt Anna Nikolaevna mit dem Krieg. Die ganze Rentierwirtschaft war in dieser Zeit in den Händen der Frauen und der wenigen zuhause gebliebenen Männer; auch Anna Nikolaevnas Vater war von 1941 bis 1945 im Kriegsdienst. Während ein Teil der Dorfbewohner die Herden in ihrem Jahreszyklus zur Küste des Weissen Meeres (im Süden) und wieder zurück begleiteten, blieb Anna Nikolaevna mit der Mutter, der Grossmutter und den vier Geschwistern in Umbozero zurück und musste im Haushalt mithelfen, das Überleben zu sichern. Anders als Frau Matrёchina und Frau Afanas'eva, berichtet Anna Nikolaevna, dass ihre Familie während des Krieges sehr unter dem Hunger zu leiden hatte und dass ihre Urgrosseltern faktisch verhungert sind. Von den jüngeren Generationen überlebten jedoch alle den Krieg, und als der Vater aus dem Krieg zurückkam und wieder in der gleichen Kolchose als Brigadenführer arbeitete, begann sich der Lebensstandard wieder zu bessern.

Gegen Ende des Krieges war Anna Nikolaevna von der Grossmutter ins Internat ins nicht weit entfernte Lovozero gebracht worden. Im Internat wurde nur auf Russisch unterrichtet und darauf geachtet, dass kein Samisch gesprochen wurde; trotz ihrer insgesamt sehr positiven Sicht auf den sowjetischen Staat, ist dies ein Punkt, den Anna Nikolaevna im Gespräch immer wieder beklagte.

In Lovozero trat Anna Nikolaevna den Pionieren bei, ihr Vater war im Kriegsdienst der kommunistischen Partei beigetreten. Für den Kommunismus konnte sich Anna Nikolaevna nach eigenem Bekennen seit den ersten Schuljahren begeistern.

Anna Nikolaevnas Bruder war bereits mit 14 Jahren in die Fussstapfen des Vaters getreten und Rentierzüchter bei der Kolchose geworden, als der Vater 1946 Anna Nikolaevna zurück nach Umbozero holte. Von nun an arbeitete sie ihr ganzes Leben als *čumrabotnica*, bis sie 19 Jahre alt war zusammen mit ihrem Vater in Umbozero, später dann in Lovozero.

1954 heiratete Anna Nikolaevna Anisim Efimovič Jur'ev, einen Samen aus Lovozero. Während alle ihre Schwestern Russen heirateten, zum Teil eine höhere Ausbildung erhielten, in ganz andere Regionen der Sowjetunion zogen (Char'kov, Doneck, Rostov-am-Don) und dort ein urbanes Leben führten, zog Anna Nikolaevna es als einzige vor, einen Samen zu heiraten und traditionell zu leben. Dies stellt Anna Nikolaevna als eine ziemlich bewusst getroffene Wahl dar.

Nach der Heirat gab Anisim Efimovič seine Arbeit als Bergarbeiter in Mončegorsk, der er vier Jahre lang nachgegangen war, auf, um wieder als Rentierzüchter zu arbeiten und mit seiner Frau in Lovozero zu leben. 42 Jahre lang, von 1954 bis 1996, arbeiteten sie als Mitglieder der Kolchose gemeinsam in der Rentierzucht, jeweils von April bis Neujahr in der Tundra und in der restlichen Zeit zu Hause in Lovozero. Später wurden sie auch Mitglieder der kommunistischen Partei. Als Krönung ihres insgesamt erfolgreichen Arbeits- und Parteilebens konnte das Ehepaar gegen Ende der Sowjetzeit ein Einfamilienhaus in einer neuen Überbauung beziehen; dies war ein Komfort, in dessen Genuss Bürger der Sowjetunion höchst selten kamen.

Anna Nikolaevnas Ehemann ist 2005 gestorben. Anna Nikolaevna hat sechs Kinder, von denen fünf verheiratet sind und einer ledig ist und mit ihr zusammen in Lovozero lebt. Gemeinsam müssen sie von zwei kleinen Renten leben, wobei die eine komplett für Heizung, Strom und weitere Nebenkosten ausgegeben werden muss und die andere gerade noch für das Essen reicht. Mit einiger Sehnsucht erinnert sich Anna Nikolaevna deshalb an früher, als es ihr unter dem Strich besser ging.

Als einzige der hier dargestellten Biographien, ist Anna Nikolaevna Jur'evas Lebensweg durch die Abwesenheit von Zwangsumsiedlungen gekennzeichnet. Sie und ihre Verwandten konnten stets in ihrem gewohnten Umfeld leben und arbeiten. Anna Nikolaevna und ihr Mann hatten ein erfülltes Arbeitsleben, das in vielem der traditionellen Lebensweise ihrer Vorfahren ähnelte, in dem sie aber auch von den positiven Seiten der Sowjetzeit profitieren konnten, ohne viel von den Schattenseiten zu merken. Dies sind die Hauptgründe, weshalb Anna Nikolaevnas Bilanz über die Sowjetzeit insgesamt deutlich positiver ausfällt als bei den anderen Interviewpartnerinnen.

4.3. Anastasija Nikolaevna Matrëchina

Abbildung 5: Anastasija Matrëchina (Foto: Lukas Allemann, 2007).

Anastasija Nikolaevna Matrëchina wurde 1928 auf der Kola-Halbinsel in der samischen Siedlung Lumbovka an der Küste der Barentssee geboren, einem Dorf, das nur auf dem Seeweg und im Winter mit dem Schlitten erreicht werden konnte. Anastasija Nikolaevna erlebte als Kind die Zeit der Kollektivierung. Ihre Familie lebte traditionell von der Rentierzucht, dem Fischfang und der Jagd und kam vor der Kollektivierung kaum je in Kontakt mit der Staatsgewalt.

Ohne genaue Daten zu nennen, berichtet Anastasija Nikolaevna davon, dass mit der sowjetischen Staatsmacht in ihrem Dorf ausser der Kolchose erstmals Institutionen wie eine Schule, ein Dorfrat (*sel'sovet*) und eine Post aufkamen. Auch Lohnarbeit war eine ‚Errungenschaft' des sowjetischen Staates, und dies bewertet Anastasija Nikolaevna als durchaus positiv. Die Situation war gegenüber der vorsowjetischen Zeit gemäss Anastasija Nikolaevna auch bezüglich Lebensmittel und Bekleidung besser. Kühe, Schafe und Ziegen waren ab 1934 angeliefert worden und ergänzten die Rentierbestände. Ausserdem gab es einen kleinen Gemüsegarten, der im kurzen Sommer das Nötigste abwarf.

Die ganze Familie – mit insgesamt 13 Kindern, die auch aus früheren Ehen des Familienvaters stammten – lebte in einem gutgebauten Blockhaus. Der Vater war seit je her Rentierzüchter, zudem jagte er im Winter und fischte im Sommer, beides sowohl für den Eigenbedarf als auch später für die Kolchose. Als die Kommunistische Partei bis nach Lumbovka vorgedrungen war, wurden Anastasijas Eltern beide ziemlich rasch – noch vor Anastasija Nikolaevnas Geburt – zu Parteimitgliedern und Kolchosemitarbeitern. In der Kolchose arbeitete Anastasijas Mutter als Bäckerin.

Gemäss Anastasija Nikolaevnas Worten wurden ihrer Familie mit dem Beginn des Zweiten Weltkrieges alle Rentiere und Ziegen, die sich in deren privatem Besitz befanden, vom Staat weggenommen. Dabei handelte es sich um das wenige verbliebene erlaubte Privatvieh, da die Kollektivierung bereits Ende der 1930er Jahre auf der gesamten Kola-Halbinsel abgeschlossen war.

Anastasija Nikolaevna wurde erst 1939, mit elf Jahren, eingeschult. Die genauen Gründe konnten nicht in Erfahrung gebracht werden, doch bildete sie damit keine Ausnahme. Schulen entstanden in den kleinen Siedlungen erst nach und nach und wurden nicht überall gleichzeitig eröffnet; dies mag vielleicht der Grund der späten Einschulung sein. Beispielsweise in Varzino, dem Heimatdorf von Nina Afanas'eva, wurde die erste Schule erst 1939 eröffnet.[110] Anastasija Nikolaevnas erste Sprache war das Samische, und erst in der Schule, also mit elf Jahren, begann sie Russisch zu lernen. Sie berichtet, dass das Russische seit der Kollektivierung auch in ihrem Dorf die offizielle Sprache war, und in der Schule wurde deshalb nur Russisch gesprochen. Als 1941 der Krieg kam, musste Anastasija Nikolaevna nach erst drei Klassen die Schule wieder verlassen und als Teenager für die Versorgung der Front arbeiten, d.h. faktisch Kriegsdienst leisten. Die ganze Familie wurde für nicht genauer präzisierte Arbeiten eingespannt, auch Anastasijas jüngere Schwestern. Die Brüder und der Vater wurden eingezogen und an die Front geschickt. Für die geleisteten Arbeiten erhielten sie Lebensmittel. Diese waren zwar rationiert, Hunger mussten sie im Krieg jedoch nicht leiden, da es genug Fisch, Fleisch und Milch gab – eine Situation, von der die meisten Bewohner Zentralrusslands im Krieg nur träumen konnten. Nur das Mehl war in diesen Breitengraden ein sehr seltenes Gut. Dennoch erzählt Anastasija Nikolaevna davon, dass auch in ihrem Dorf zwei Menschen während des Krieges an Hunger und Erschöpfung gestorben seien. Mehrere Brüder Anastasijas kamen an der Front um.

Nach dem Krieg kehrte Anastasija nicht mehr zur Schule zurück, weil sie bereits ein arbeitsfähiges Alter erreicht hatte und sich ihre Familie nicht leisten konnte, alle Kinder zur Schule zu schicken. Die Mutter war krank, und von den noch mit den Eltern lebenden Kindern war Anastasija Nikolaevna das älteste. Die Familie entschied sich dafür, dass nur das jüngste Kind eine volle Schulbildung erhalten solle. Diese jüngere Schwester wurde Buchhalterin und ist dann als Einzige ihrer Generation von der Kola-Halbinsel weggezogen. Sie lebt bis

110 Vgl. Interview Afanas'eva, Z. 142-145.

heute in Novgorod. Anastasija Nikolaevna konnte hingegen ihr ganzes Leben nur schlecht lesen und schreiben.

1950, mit 21 Jahren, heiratete Anastasija Nikolaevna Ivan Nikitič Matrëchin. Ihr Mann nahm sie mit nach Iokanga, einer anderen samischen Siedlung, die ebenfalls an der Barentssee gelegen war. Dort arbeitete Anastasija Nikolaevna als Kassiererin.

1958 wurde Iokanga im Rahmen der Politik der ‚Agglomeration' oder ‚Konsolidierung' (*ukrupnenie*) vom Staat liquidiert, und alle Einwohner wurden umgesiedelt.[111] Auch Lumbovka und andere Ortschaften wurden zu diesem Zeitpunkt geschlossen oder waren bereits liquidiert worden. Anastasija Nikolaevna kam mit Ehemann und Kindern nach Gremicha, einer in der Nähe gelegenen Siedlung. Der Umzug fand gegen ihren und den Willen der meisten Samen statt, denn niemand wollte die aufgebaute Existenz einfach so aufgeben. Anastasija Nikolaevnas Kinder Nadežda, Ol'ga und Ljubov' vermissten Iokanga noch sehr lange.

Während Anastasija Nikolaevnas Kinder in Iokanga unter sich weitgehend ungestört samisch reden konnten, war dies in Gremicha nicht mehr so. Nach Anastasija Nikolaevnas Angaben war es in der Schule in Gremicha faktisch verboten, samisch zu sprechen. Die russischen Lehrer kamen sogar zu den Eltern nach Hause, um die Eltern in Gesprächen davon zu überzeugen, dass es besser sei, wenn die Kinder auch zu Hause nur Russisch sprächen. So kam es, dass die samische Sprache auch bei der Familie Matrëchin immer mehr ins Abseits geriet. Heute kann niemand von Anastasijas Kindern und Enkeln mehr Samisch.

Anastasija Nikolaevna beklagt besonders die Umstände der Umsiedlung nach Gremicha, bei der der Staat praktisch keine Hilfe leistete. Weder Behausungen noch Arbeitsplätze wurden für die Umgesiedelten bereitgestellt. Bereits bevor die Familie nach Gremicha zog, suchte Anastasijas Ehemann auf eigene Faust nach einer neuen Behausung. Über Bekannte fand er ein verlassenes altes Haus, das nach Anastasijas Worten von Passanten und Anwohnern schon lange als Toilette benutzt wurde.[112] Vor der Ankunft der Familie setzte Ivan Nikitič eigenhändig dieses Haus wieder mehr oder weniger instand, er musste es rundum desinfizieren, die Ratten vergiften und die Böden vollkommen auswechseln. Erst nach einigen Jahren erhielt die Familie eine Zweizimmer-Wohnung in einem neuen Wohnungshaus.

Die Arbeit war hart: Anastasija Nikolaevna arbeitete in Gremicha 17 Jahre als Wäscherin, danach noch eineinhalb Jahre in der Produktion und Wartung von Bojen. Im Winter wurden die Bojen hergestellt oder instandgesetzt, und im

---

111 Die genauen Gründe der zahlreichen Liquidierungen von samischen Ortschaften werden in Kap. 5 erörtert.

112 Man bedenke, dass es in diesen Siedlungen keine Kanalisation gab. Um die Toilette des eigenen Hauses weniger oft leeren zu müssen und sich mühsame Arbeit zu ersparen, war es einfacher, ausserhalb des eigenen Hauses in der freien Natur oder eben in einem unbewohnten Gebäude seine Notdurft zu verrichten.

Sommer fuhren sie hinaus in den Fjord, wo die Bojen installiert wurden. Unter der vorwiegend männlichen Belegschaft waren neben ihr noch drei weitere Frauen in dieser Arbeit tätig.

Seit 1947 war Anastasija Nikolaevna mehrmals Abgeordnete der Kolchose und wurde in dieser Funktion insgesamt viermal in einer Gruppe nach Murmansk geschickt. Über die tatsächliche Entscheidungskraft dieses Gremiums bestehen einige Zweifel. In der Kolchose wurden Mitarbeiter als Abgeordnete vorgeschlagen, und dass die Wahl ausgerechnet auf Anastasija Nikolaevna fiel, die faktisch nicht lesen und schreiben konnte, ist bezeichnend. Die Vermutung liegt nahe, dass es sich um eine reine Formsache handelte. In Murmansk hielt sie keine Reden; sie fuhr mit, antwortete auf ihr gestellte Fragen zur Arbeit der Kolchose und fuhr wieder zurück. Leider machte Anastasija Nikolaevna keine weiteren Angaben zu ihrer Tätigkeit als Abgeordnete, so dass dieses an sich interessante Thema weitgehend im Dunkeln blieb.[113]

Anastasija Nikolaevnas Ehemann verstarb relativ früh. Noch im Krieg war er durch einen Splitter in der Lunge verwundet worden, doch eine Operation erfolgte erst 1961. Die Kriegsverwundung bereitete ihm bis an sein Lebensende Schmerzen. Vor allem gegen Ende seines Lebens verfiel er dem Alkohol, und er verstarb 1984. Anastasija Nikolaevna bekundet Mühe damit, den Alkoholismus ihres Mannes zu thematisieren. In Gesprächen mit ihrer Enkelin wurde Ivan Nikitič jedoch als Mensch dargestellt, der Zeit seines Lebens mit dem Alkoholismus zu kämpfen hatte. Ausserdem stellt Anastasija Nikolaevna an anderer Stelle im Interview auf sehr emotionale Weise den Alkohol generell als grösste Geissel ihres Volkes dar – eine Meinung, die nur durch persönliches Betroffensein mit solcher Heftigkeit vorgetragen werden konnte.

Noch zehn Jahre lebte Anastasija Nikolaevna allein in Gremicha, das bis heute nur per Schiff erreichbar ist. Alle ihre Töchter hatten bereits Familien gegründet und lebten auf dem ‚Festland' (*na bol'šoj zemle*). Als Rentnerin arbeitete sie einige Stunden pro Tag als Putzhilfe in einem Geschäft. 1994 siedelte sie nach Murmansk über, wo eine ihrer Töchter eine Familie gegründet hatte und lebte. Das vom Militär dominierte Gremicha wurde in den 1990er Jahren stark verkleinert. Den Einwohnern wurden Wohnungen in anderen Städten angeboten, wenn sie die Ortschaft verliessen – denkbar bessere Übersiedlungskonditionen als 1958, die auch Anastasija Nikolaevna gerne annahm. Seit 1994 bis heute lebt sie als Rentnerin in Murmansk, gemeinsam mit ihrem Enkel in ihrer vom Staat erhaltenen Einzimmer-Wohnung. Sie sieht regelmässig auch ihre anderen Verwandten, die in Murmansk und der Umgebung wohnen.

Die Lebensgeschichte von Anastasija Nikolaevna Matrëchina war eher schwer und nur mit einigen Lücken zu rekonstruieren. Das Interview mit ihr war das kürzeste, da es schwer war, Anastasija Nikolaevna zu Erzählungen zu animieren. Da ich sie nur mit Mühe verstehen konnte – sie ist die älteste Informan-

113 Der Versuch eines zweiten Interviews via Telefon scheiterte leider aufgrund der Schwerhörigkeit von Anastasija Nikolaevna.

tin und spricht sehr undeutlich –, war es schwierig, als Reaktion auf ihre Ausführungen gezielt erzählgenerierende Fragen zu stellen. Vielmehr musste ich sie immer wieder mit Verständnisfragen unterbrechen, und dies blockierte den Erzählfluss zusätzlich. Doch das Ziel dieser Arbeit war nicht die Suche nach dem ‚perfekten' Interview, und Anastasija Matrëchinas Ausführungen sind dennoch eine wertvolle Quelle.

4.4. Marija Alekseevna Popova

Abbildung 6: Marija Popova (Foto: Lukas Allemann, 2008).

Marija Alekseevna Popova wurde 1933 in der alten samischen Siedlung Voron'e geboren. Schon in ihrer Kindheit fuhr sie mit ihren Eltern oft mit in die Tundra; auch als sie bereits zur Schule ging, war sie in den Sommermonaten immer mit ihren Eltern draussen in der Tundra – der Vater wurde glücklicherweise nicht an die Front geschickt. Marija Alekseevna besuchte bis 1945 fünf Schulklassen. Danach musste sie auf einen weiteren Besuch der Schule verzichten, da mehrere Familienmitglieder erkrankt und nicht mehr arbeitsfähig waren. Auch in die geliebte Tundra konnte sie nun nicht mehr fahren. Der Vater konnte nicht mehr gehen, und auch die Mutter musste wegen eines Rückenleidens die meiste Zeit liegen. Zudem war die Grossmutter schwer krank. Marija Alekseevna musste sich deshalb um den Haushalt und ihre kleineren Geschwister kümmern.

Die Kriegsjahre waren hart. Die Familie musste Hunger leiden, vor allem das Brot war Mangelware. Wie auch bei den anderen Interviewpartnerinnen, half jedoch der Umstand, dass es hier im Norden genug Fleisch gab. Auch wenn viel davon an die Front geliefert werden musste, gab es genug zum Überleben. Von besonderer Hilfe waren in dieser Zeit die eigenen, privat gehaltenen Rentiere, die man in kleinen Mengen besitzen durfte. Die Quote privater Rentiere lag bei 40 Tieren pro Hirte, und die Popovs hatten Glück, dass Marija Alekseevnas jüngster Bruder als Hirte arbeiten konnte. Die anderen zwei Brüder wurden eingezogen, wobei der eine im Krieg umkam und der andere schwer verwundet wurde und kurz nach dem Krieg ebenfalls verstarb. In vielen anderen Familien waren alle Männer zum Kriegsdienst eingezogen worden, und die Frauen mussten sich allein sowohl um den Haushalt als auch um die Rentiere kümmern.

Auch Marija Alekseevna erzählt, dass in der Schule nur auf Russisch unterrichtet wurde. Dabei berichtet sie, dass die Lehrer sogar zu ihr nach Hause kamen, um den Eltern zu verbieten, mit ihren Kindern samisch zu sprechen. Dennoch blieb in der Familie Samisch die Alltagssprache. Marija Alekseevna bedauert jedoch, dass das Verhalten der damaligen Lehrerschaft durchaus Erfolg hatte und man in vielen Familien vermied, Samisch zu sprechen.

Mit 16 Jahren begann Marija Alekseevna in der Kolchose als Melkerin zu arbeiten. Die Arbeit war hart, sie musste zu Beginn zwölf Stunden pro Tag und ohne freie Tage arbeiten, wobei das Gehalt sehr niedrig war. An ihrer Arbeitsstelle wurde sie dazu gedrängt, der staatlichen Jugendorganisation der Komsomolzen beizutreten, was sie auch tat; doch der Partei wollte sie niemals beitreten. Überhaupt interessierte sie sich nie für politische Aktivitäten. Auch bei der Arbeit auf dem Hof trug Marija Alekseevna gerne traditionelle samische Kleidung. Als sie 18 Jahre alt war, wurde dies jedoch vom Vorsitzenden der Kolchose verboten, und alle hatten russische Kleidung zu tragen. Bald stieg Marija Alekseevna zur Abteilungsleiterin auf. Sie hatte zwölf Menschen unter sich, die sich um Kühe, Schafe und Pferde kümmerten und Milch, Butter sowie andere Milchprodukte herstellten.

Im Alter von 20 Jahren heiratete Marija Alekseevna den Komi Ivan Popov. Allerdings war das nicht ein lokaler Komi. Er kam aus der Republik Komi und war in Voron'e auf Dienstreise. Gleich nach der Heirat gab Marija Alekseevna ihre Arbeit in der Kolchose auf und zog mit ihrem Mann nach Eremeevo, einem Dorf in der Republik Komi, in der Nähe der Hauptstadt Syktyvkar. Dreizehn Jahre lebten sie dort, wobei Marija Alekseevna in dieser Zeit auch die Sprache der Komi erlernte. Zunächst arbeitete sie in Eremeevo als Sekretärin des Dorfsowjets (*sel'sovet*), und nach der Geburt der ersten Kinder hatte sie eine Stelle als Krankenpflegerin bei der Sanitätsstelle.

Während dieser Zeit ereilte Marija Alekseevnas Heimatdorf Voron'e ein trauriges Schicksal: Es musste dem Bau eines Wasserkraftwerks und des daraus resultierenden Stausees weichen. 1964 wurden alle Einwohner ausgesiedelt – hauptsächlich nach Lovozero –, und das Dorf wurde überflutet. Auch in diesem Fall war in Lovozero kaum Wohnraum für die Neuankömmlinge vorbereitet worden, und den Einwohnern war es auch nicht erlaubt, ihre Blockhäuser auseinanderzunehmen und anderswo wiederaufzubauen. Besonderes Unglück hatte Marija Alekseevnas ältere Schwester: Sie hatte mit ihrer Familie in Voron'e eben erst ein neues Haus gebaut, als mitgeteilt wurde, dass das Dorf liquidiert wird. Nur ein Jahr lang hatte die Familie das neue Haus bewohnt, als sie es verlassen musste. Natürlich war der Schock sehr gross, und niemandem war verständlich, wieso die Bevölkerung nicht hatte frühzeitig gewarnt werden können. Obwohl das Haus überflutet war, musste die Familie noch mehrere Jahre ihre Schulden für das Haus abzahlen. Vor einigen Jahren erhielt Marija Alekseevnas Schwester eine Kompensation von 10'000 Rubeln für den damaligen, vom Staat zugefügten Schaden – eine Summe, die einem niedrigen Monatslohn entspricht.

1969 kehrte Marija Alekseevna mit Mann und Kindern aus der ASSR Komi auf die Kola-Halbinsel zurück. Sie hatten sich wegen ihrer Kinder für den Umzug entschlossen. Da deren Schulweg in Eremeevo zu lang und gefährlich war, entschiedenen Sie sich nach Lovozero umzuziehen, wo die Schule direkt im Dorf und die Kinder somit in Sicherheit waren. In Lovozero lebten nun zudem die meisten Verwandten von Marija Alekseevna, und in der ersten Zeit lebte die Familie bei Marija Alekseevnas Mutter. Nun arbeitete Marija Alekseevna im Pionierhaus (d.h. dem Haus der staatlichen Jugendorganisation der Pioniere) und leitete Handarbeitsgruppen, in denen sie die traditionelle samische Perlenstickerei und das Arbeiten mit Pelzen lehrte. Heute ist Marija Alekseevna Rentnerin und lebt nach wie vor in Lovozero.

Fast alle Kinder Marija Alekseevnas sprechen gut Samisch. Nur eine Tochter, Galina, kann kein Samisch. Der jüngste Sohn, Petr, hat eine norwegische Samin geheiratet, lebt mit ihr und zwei Kindern in Norwegen und arbeitete dort eine Zeitlang sogar als Samischlehrer. Ausser Petr leben alle Kinder von Marija Alekseevna in Lovozero.

Marija Alekseevna hat Verwandte in Finnland. Erstmals kamen in den 1980er Jahren Kusinen von Marija Alekseevnas Mutter nach Lovozero, um diese zu suchen. Leider war die Mutter aber vor kurzem erst verstorben, so dass sie ihre nahen Verwandten von der anderen Seite des Eisernen Vorhangs nicht mehr zu sehen bekam. Der Kontakt zu Marija Alekseevna und deren Schwestern war aber geknüpft, und später gab es Familientreffen auch auf der anderen Seite der Grenze.

Marija Alekseevnas jüngster Bruder arbeitete sein ganzes Leben als Rentierhirte, doch verstarb er ziemlich früh an Krebs. Von den zwei Schwestern Marija Alekseevnas lebt die eine in Lovozero und die andere in St. Petersburg. Sie hatte eine Ausbildung als Lehrerin erhalten und war dort geblieben. Marija Alekseevnas Ehemann starb 2007 im Alter von 74 Jahren.

Heute beklagt Marija Alekseevna vor allem, dass es zu wenig Geld gibt und dass der Staat den alten Menschen kein würdiges Leben ermöglicht. Als ein Übel, das heute viel schlimmer ist als während der Sowjetunion, betrachtet sie die Wilderei. Wegen dieser sei heute das Jagen und Fischen stark reguliert und eingeschränkt worden.

Marija Alekseevna hat allen widrigen Umständen zum Trotz stets viel Wert auf den Erhalt der samischen Sprache und Traditionen gelegt. Nicht zuletzt durch die wiederaufgelebten Kontakte zu den Samen in Norwegen und Finnland konnte sie das Interesse für die eigenen Wurzeln auch innerhalb der Generation ihrer Enkel ziemlich gut aufrecht erhalten. Es liegt ihr sehr viel daran, dass auch in einem institutionellen Rahmen die samische Kultur stärker gefördert wird.

4.5. Apollinarija Ivanovna Golych

Abbildung 7: Apollinarija Golych in selbstgenähter Kleidung für winterliche Aufenthalte in der Tundra (Foto: Lukas Allemann, 2008).

Apollinarija Ivanovna Golych wurde 1932 in der alten samischen Siedlung Voron'e geboren. Ihr ganzes Leben fuhr sie in die Tundra und war in der Rentierzucht beschäftigt, schon als kleines Kind begleitete sie immer ihre Eltern. Apollinarija Ivanovnas Vater hatte vor der Kollektivierung eine Herde von rund fünfhundert Tieren. Als die Kolchose gegründet wurde, trat ihr der Vater bei. Zu dieser Zeit durfte man nur noch 30 private Rentiere haben, eine Zahl, die für grosse Familien viel zu klein war. Wie Apollinarija Ivanovna erzählt, durfte man etwas später wieder mehr Rentiere besitzen, doch musste man dafür jährlich hohe Steuern zahlen, so dass es sich nicht lohnte, die Tiere zu behalten. Deshalb schlachtete der Vater seine Tiere lieber.

Vor dem Krieg lebten in Voron'e noch kaum Russen, und Apollinarija Ivanovna sprach in ihrer Kindheit deshalb immer samisch. 1941 kam Apollinarija Ivanovna in die Schule, und 1942 wurde der Vater in den Krieg geschickt. Dies brachte grosse Veränderungen im Leben der ganzen Familie mit sich, die neben Apollinarija Ivanovna und der Mutter noch aus zwei Brüdern und zwei Schwestern bestand. Fünf Jahre lang sollten sie sesshaft das ganze Jahr über in Voron'e leben, da die ganze Rentierzucht stark eingeschränkt wurde. Es gab wenig zu essen, und es musste hart dafür gearbeitet werden. Der Bruder arbeitete seit dem zwölften Lebensjahr als Hirte, und auch die Mutter war fast rund um die Uhr mit den Tieren beschäftigt. Sie transportierte mit den Rentieren Waren in andere Ortschaften (wie fast überall auf der Kola-Halbinsel gab es in diesem Gebiet keine Strassen). Mit elf Jahren begann auch Apollinarija Ivanovna neben der Schule zu arbeiten. Sie betreute Kleinkinder in einer Kinderkrippe, die in den Sommermonaten eröffnet wurde, damit die Erwachsenen ihrer Arbeit in der Kolchose nachgehen konnten. Als Arbeitende erhielt sie dadurch pro Tag 700 statt wie bisher 300 Gramm Brot; dies war für die Familie in diesen harten Zeiten eine wichtige Hilfe. Apollinarija Ivanovna sagt, dass der Reichtum der Natur an Fisch und Wildtieren kaum eine Hilfe war, um zu überleben. Da alle Männer fort waren und es so viel Arbeit in der Kolchose gab – deren Produkte grösstenteils an die Front geschickt wurden –, gab es kaum Zeit und Arbeitskräfte, um auch noch privat fischen oder jagen zu gehen. Auf dem Rückweg von der Arbeit oder der Schule sammelten die Familienmitglieder oft Pilze oder Beeren. Dies war zumindest in den kurzen Sommer- und Herbstmonaten eine entscheidende zusätzliche Nahrungsquelle.

Die Schule besuchte Apollinarija Ivanovna zwischen dem achten und zwölften Lebensjahr (1941-1945), also insgesamt vier Klassen. Zwar wurde auch in ihrer Klasse kein Samisch gesprochen, doch strebte die Lehrerschaft in Voron'e im Allgemeinen keine derart strenge ‚Verbannung' der samischen Sprache an, wie dies in Lovozero oder auch Gremicha der Fall war, wo der russische Bevölkerungsanteil viel höher war. Mit Freude erzählt Apollinarija Ivanovna von ihrem Lehrer, einem Ukrainer, der das Samische mehr oder weniger erlernt hatte und in der Freizeit mit den Kindern auch gern einmal auf Samisch kommunizierte.

Obwohl der Krieg bereits im Mai 1945 zu Ende war, kam der Vater erst im Oktober zurück. Doch der Besuch war nur von kurzer Dauer, denn zusätzlich zum ausserplanmässigen Kriegsdienst musste er jetzt noch den regulären Wehrpflichtdienst leisten, so dass der Vater erst 1950, nach insgesamt acht Jahren, aus der Armee entlassen wurde. Apollinarija Ivanovna arbeitete bereits seit dem Abschluss der Primarschule in der Kolchose, als sie 1952 heiratete. Ihren zukünftigen Ehemann, den Samen Vasilij Nikolaevič Golych, hatte sie zwei Jahre vorher im Alter von 18 Jahren kennengelernt. Apollinarija Ivanovna erzählt von einem Russen, der mit einer Expedition nach Voron'e gekommen war und ihr den Hof machte. Doch es war ihr unwohl beim Gedanken, ihre Heimat zu verlassen, und sie nahm sich vor, einen Samen zu heiraten. Vasilij Nikolaevič arbeitete als Leiter des örtlichen Klubs.

1964 musste die junge Familie aufgrund der Überflutung durch den neuen Stausee ihren Wohnort Voron'e verlassen, genauso wie alle anderen Einwohner dieses Dorfes (siehe Kurz-Biographie von Frau Popova). Wie Frau Popova, weiss auch Apollinarija Ivanovna nichts Gutes über diese Umsiedlung zu berichten. Die Familie Golych hatte erst fünf Jahre zuvor ihr neues Haus fertig gebaut und sah nach den Leiden des Krieges einer gefestigten Zukunft entgegen. Doch dann kam die Meldung vom bevorstehenden Bau des Wasserkraftwerks. Die Angst vor Protesten war bei den Planern offensichtlich vorhanden, und deshalb kamen etwa ein Jahr vor der Umsiedlung Behördenvertreter nach Voron'e und versprachen voreilig, dass in Lovozero allen Familien gratis neue Wohnungen zugeteilt würden. Aufgrund der allzu hastigen Planung waren zum Zeitpunkt der Inbetriebnahme des Wasserkraftwerks in Lovozero jedoch noch nicht genügend neue Wohneinheiten gebaut. Auch Apollinarija Ivanovnas Familie hatte deshalb vier Jahre lang keinen festen Wohnort und musste sich jeweils bei Bekannten und Verwandten auf begrenzte Zeit einquartieren („скитались“).[114] Apollinarija Ivanovna nennt dies schlicht und einfach „Betrug“.[115] Zeitweise mussten vier Familien miteinander leben, zu siebt lebte Apollinarija Ivanovnas Familie in einem Zimmer. Die wenigen Wohnungen, die rechtzeitig erstellt worden waren, waren hingegen von den „Bessergestellten“[116] in Anspruch genommen worden. Die Wohnungsnot war somit zu einem unangenehmen Nebeneffekt der geplanten Verstädterung der Tundra geworden, genauso wie dies zuvor schon Millionen von Menschen in Kontinentalrussland zu spüren bekommen hatten.

Auch mit den Problemen des weitverbreiteten Alkoholismus war Apollinarija Ivanovna erstmals in Lovozero, nach der Umsiedlung, konfrontiert. In ihrer Umgebung gab es viele Menschen, die dem Alkohol verfielen, während dies in Voron'e noch nicht der Fall gewesen war. Die Samen waren dort noch praktisch unter sich, und Vodka wurde kaum getrunken. Nur zu Festanlässen wurde ein gebrautes alkoholisches Getränk konsumiert (*braga*).

Nach der Umsiedlung nach Lovozero arbeitete das Ehepaar Golych gemeinsam in der Rentierzucht, und bis zum Tod von Vasilij Nikolaevič im Jahre 1988 fuhren sie jede Saison gemeinsam in die Tundra; Apollinarija Ivanovna arbeitete

114 Interview Golych, Z. 638.
115 Interview Golych, Z. 633.
116 Interview Golych, Z. 641.

im gleichen Rhythmus noch bis 1996 weiter. Sie beschreibt ihre Arbeit und das Leben in der Tundra sehr detailliert. Von Dezember bis April arbeitete sie in Lovozero im Nähatelier der Kolchose. Dort nähte sie nach traditionellen Methoden Schuhwerk für die Rentierhirten. Von April bis Dezember befand sich das Ehepaar Golych hingegen meistens draussen in der Wildnis. Arbeit gab es in der Wildnis genug: Als *čumrabotnica* – zwei Frauen mussten für acht Hirten sorgen – musste Apollinarija Ivanovna kochen, nähen, waschen, Brot backen, Holz hacken, die Banja heizen, Leder gerben und fischen. Urlaub gab es deshalb nur im Winter, wobei Apollinarija Ivanovna und ihr Mann einige Male die Gelegenheit hatten, diesen im Süden Russlands in einem Sanatorium zu verbringen und sich von der harten Arbeit zu erholen.

In der Wildnis lebten die Brigaden (d.h. die für eine Herde zuständigen Gruppen von Hirten und *čumrabotnicy*) in der ersten Zeit noch in grossen Zelten (*čum*), die von Zeit zu Zeit versetzt wurden, den Bewegungen der Tiere folgend. Ab den 1960er Jahren war ein Netz von Holzhütten errichtet worden, die das Leben komfortabler machten. Diese Neuerung schätzte Apollinarija Ivanovna. Was ihr hingegen nicht gefiel, war der Übergang zu motorisierten ‚Zugtieren'. Während Apollinarija Ivanovna früher noch mit Rentierschlitten auf direktem Weg vom Dorf aus in die nördlicher gelegenen Sommer-Weidegebiete an der Barentssee fuhr, wurden die Brigaden ab den 1960er Jahren unter Inkaufnahme eines grossen Umwegs über Murmansk zunächst mit dem Bus und auf dem letzten Stück mit dem *vezdechod* (einem geländegängigen und schwimmfähigen Fahrzeug) zu ihren Weidegebieten gebracht. Apollinarija Ivanovna bedauert aber vor allem den verlorengegangenen emotionalen Aspekt der Reise mit den Rentieren. Diese und ähnliche Rationalisierungen machten den Beruf des Rentierzüchters immer unattraktiver. Diese Entscheidungen gingen alle auf das Konto der Kolchose-Leitung, die gemäss Apollinarija Ivanovna nur aus Russen bestand.

Politisch war das Ehepaar Golych nie aktiv, auch wenn Apollinarija Ivanovnas Mann während des Krieges der Partei beigetreten war. Dies war so üblich, und wohl kaum jemand konnte sich im Gruppendruck dem entziehen. Apollinarija Ivanovna hatte selbst nie Interesse an politischen oder ideologischen Fragen, besonders nach der Enttäuschung der Umsiedlung. Als ihr der Beitritt zur Partei vorgeschlagen wurde, lehnte sie ab.

Apollinarija Ivanovna hat eine Tochter namens Svetlana (geboren 1952). Sie gebar ausserdem noch zwei Söhne, wobei einer tot geboren wurde und der andere nur vier Monate lang lebte. Der Wunsch nach weiteren Kindern erfüllte sich leider nicht. In den Sommermonaten konnte die Tochter Svetlana, genauso wie alle anderen Kinder von Rentierzüchtern, jeweils zu ihren Eltern in die Wildnis fahren. Den Rest der Zeit lebte sie im Internat. Diesen Umstand bedauert Apollinarija Ivanovna nicht so sehr; auch wenn es zuweilen hart war, war dies letztendlich der einzige mögliche Weg für die Kinder, eine lange Schulbildung zu erhalten. Svetlana ging insgesamt acht Jahre lang zur Schule.

Nach dem Tod des Ehemannes fuhr Apollinarija Ivanovna bis 1996 weiterhin als Angestellte der Kolchose (bzw. der daraus hervorgegangenen Genossenschaft) in die Tundra. Meistens war auch ihr Enkel dabei, der in die Fussstapfen seiner Grosseltern getreten war und als Hirte arbeitete. Leider wurde dieser Enkel 1995 in der Wildnis in einem Konflikt mit Wilderern erschossen. Bis heute wurde die Ursache nicht genau geklärt, da die Weggefährten, die Zeugen des Vorfalls wurden, keine konkreten Aussagen machen wollten oder konnten, unter der Angabe, sie seien alle zu betrunken gewesen. Ein Wilderer wurde später festgenommen, doch nach einem halben Jahr wieder freigelassen, wobei, wie Apollinarija Ivanovna berichtet, ein Gerücht die Runde machte, der Angeklagte sei durch Schmiergelder wieder auf freien Fuss gekommen.

Der unnatürliche, durch Gewalt verursachte Tod eines Familienmitglieds ist ein Ereignis, das die Perspektive auf das eigene Leben entscheidend beeinflusst. Es ist deshalb leicht zu verstehen, dass für Apollinarija Ivanovna die sowjetische Zeit im Rückblick eindeutig als besser bewertet wird als die postsowjetische. Trotz der Umsiedlungen lobt sie die Stabilität ihres Berufslebens. Die Brigaden wurden in der Tundra gut versorgt – Hubschrauber flogen Lebensmittel und Medikamente ein –, und vor Wilderern hatten sie sich nicht zu fürchten. Dass die Situation diesbezüglich heute ganz anders ist, hat Apollinarija Ivanovna durch den Verlust ihres Enkels mit aller Härte zu spüren bekommen. Im Vergleich dazu sieht die Situation von Frau Afanas'eva ganz anders aus: Ihr Bruder wurde 1980 ermordet, und dies interpretiert sie als Spätfolge der Umsiedlungen und des darauffolgenden Chaos von Alkoholismus und faktischer Arbeitslosigkeit. Für Nina Afanas'eva ist deshalb eindeutig die sowjetische Zeit die dunklere Periode.

Heute lebt Apollinarija Ivanovna allein in einer Wohnung in Lovozero. Noch immer begeistert sie sich für traditionelle samische Handarbeit und näht Kleidungsstücke aus Rentierfell. Bis vor kurzem noch nahm sie manchmal gemeinsam mit einer Freundin Mitfahrgelegenheiten mit dem *vezdechod* der Genossenschaft wahr, um zu zweit für einige Wochen in der Wildnis zu leben und zu fischen.

4.6. Kurzvergleich der Lebensgeschichten

Die Kontinuität der Rentierzucht, die langjährige Arbeit als *čumrabotnica* gemeinsam mit ihrem Ehemann, in der Apollinarija Ivanovna trotz vieler Neuerungen stets auch samische Traditionen ausleben konnte, gab Apollinarija Ivanovna in ihrem Leben Halt. Dieser Rhythmus war ein heilsames Gegengewicht zum Bruch, der durch die Umsiedlung entstanden war. Er verhalf Apollinarija Ivanovna Golych zu einer insgesamt positiven Bewertung ihres Lebensentwurfs, obwohl sie, etwa im Gegensatz zu Frau Jur'eva, ein distanziertes Verhältnis zum sowjetischen Staat und der damaligen offiziellen Ideologie hat. Frau Golych steht somit gewissermassen in der Mitte zwischen zwei Extrempositionen, vertreten von Frau Jur'eva auf der einen und von Frau Afanas'eva auf der anderen Seite. Frau Matrěchinas und Frau Popovas retrospektive Bewertungen des sowjetischen Staats und dessen Politik gegenüber den Samen ähneln insgesamt jenen von Frau Golych.

Die grosse Umsiedlung der Samen zwischen den 1930er und 1970er Jahren betraf schätzungsweise 70 bis 80% aller Samen.[117] Frau Golych hatte die Chance, mit ihrem Beruf einen Kontrapunkt der Stabilität zu setzen und so das Trauma der schlecht vorbereiteten Massenumsiedlungen nach Lovozero gut zu verarbeiten. Frau Jur'eva musste keine Zwangsumsiedlung erleben, so dass ihr Glaube an den sowjetischen Staat nicht durch derartige Enttäuschungen in Frage gestellt wurde. Sie befindet sich damit in der Minderheit – sowohl unter meinen Interviewpartnerinnen als auch unter der gesamten samischen Bevölkerung der Kola-Halbinsel. Frau Afanas'eva wurde vor allem durch das Schicksal ihrer Mutter und Brüder schwer geprüft, die an den Umsiedlungen besonders schwer zu leiden hatten, während sie in Leningrad studierte. Ihre Brüder konnten beruflich und sozial nach der Umsiedlung nicht mehr Fuss fassen und so diesen Bruch im Leben nur schlecht verarbeiten. Sie gehörten einer Generation von durch den Staat Entwurzelten an.

117 Vgl. Bogdanov 2000.

5. Die Lebensbedingungen der Samen Russlands seit der Oktoberrevolution

In diesem Kapitel soll nun die Analyse einzelner Sequenzen aus den verschiedenen Interviews zum jeweils selben Thema im Mittelpunkt stehen. Zudem werden die Aussagen meiner Informantinnen mit den Informationen aus der Literatur verglichen.

Aus Platzgründen wurden für diesen Schritt drei aus den insgesamt fünf Interviews ausgewählt. Die Wahl fiel dabei auf die Interviews mit Nina Afanas'eva, Anna Jur'eva und Anastasija Matrëchina, weil ihre Lebensläufe sehr verschiedene Wohnorte, Bildungs- und Berufswege aufweisen. Apollinarija Golych und Marija Popova wohnten beide wie Frau Jur'eva in Lovozero. Von den drei Gesprächspartnerinnen aus Lovozero fiel die Wahl auf Frau Jur'eva, weil sie als einzige von allen Informantinnen nicht von den Umsiedlungen betroffen war. Nichtsdestotrotz bleibt jede Auswahl ein bedauerlicher Akt der Willkür, der aber leider unumgänglich war. Im Folgenden werden die wichtigsten Unterscheidungsmerkmale der für die tiefergehende Analyse ausgewählten Lebenswege tabellarisch aufgelistet:

Nina Afanas'eva	**Anna Jur'eva**	**Anastasija Matrëchina**
von der Barentssee	aus dem Landesinnern	von der Barentssee
Hochschulbildung	Primarschule	Primarschule
Städtisches Leben in Leningrad, Apatity und Murmansk	Leben in Lovozero, dem „Ort des kompakten Zusammenlebens der Samen"	russifiziertes Dorfleben in Gremicha
Zwangsumsiedlungen indirekt über die engsten Verwandten erlebt	keine Zwangsumsiedlungen erlebt	Zwangsumsiedlungen selbst erlebt
sehr kritisch gegenüber der Sowjetzeit	eher prosowjetische Grundhaltung	eher neutrale Haltung gegenüber der Sowjetzeit

5.1. Eindämmung des Nomadentums und Kollektivierung

Der Prozess der Kollektivierung auf der Kola-Halbinsel schritt relativ langsam voran. Er begann Ende der 1920er Jahre und war rund zehn Jahre später weitgehend abgeschlossen. Die Kämpfe zwischen den Weissen und den Roten hatten in der Region Murmansk bis 1921 gedauert, und von der neuen sowjetischen Staatsmacht hatten die Samen bis zum Beginn der Kollektivierung eher wenig zu spüren bekommen. Vorläufer der Kolchosen waren Genossenschaften (*artel'*), denen man mehr oder weniger freiwillig beitreten konnte.[118] Kurz zusammengefasst, geschah in der Periode der Kollektivierung folgendes:[119]

118 Vgl. Interview Afanas'eva, Z. 59-64.

119 Vgl. Klement'ev/Šlygina 2003, 71, 115.

- Die Rentiere wurden weitgehend verstaatlicht
- Die Beaufsichtigung der Rentiere wurde mit angestellten und schichtweise arbeitenden Hirten-Brigaden systematisiert, während die Frauen entweder als *čumrabotnicy* mitfuhren oder zu Hause blieben
- Wenn die Eltern in der Tundra arbeiteten, lebten die Kinder in Internaten
- Es wurden insgesamt elf Kolchosen organisiert, in denen die samische Bevölkerung gemeinsam mit Komi, Nenzen und Russen arbeitete.

Wie bereits erwähnt, war in den Augen der sowjetischen Planer und Ideologen die produktionsorientierte Rentierzucht *(tovarnoe olenevodstvo)* der nomadischen *(kočevoe olenevodstvo)* vorzuziehen.[120] Die eindeutige Präferenz für die Methoden der Komi wirkte sich in einem gewissen Masse sicher negativ auf das Selbstbewusstsein der Samen aus, die ohnehin immer wieder als aussterbende Ethnie bezeichnet wurden. Es wäre jedoch falsch zu behaupten, dass die traditionelle Art der samischen Rentierzucht erst durch die Kollektivierung angefangen habe zu verschwinden. Die extensive Zucht der Komi hatte bereits vor der Revolution zahlenmässig die samische Art der Rentierzucht weitgehend verdrängt. Während um die Mitte des neunzehnten Jahrhunderts der Bestand auf der Kola-Halbinsel ca. 5'000 Tiere zählte, waren es 1894 bereits 43'000 und zu Beginn des Ersten Weltkriegs 74'000 Tiere.[121] Bis 1921, als die sowjetische Staatsmacht in der Region Murmansk endgültig etabliert war, fiel die Zahl der Rentiere jedoch um 60%; in den harten Zeiten von Krieg und Revolution mussten viele Tiere geschlachtet werden.[122]

Analog zu den Ackerbaugebieten der Sowjetunion, wo auch nach der Kollektivierung den Mitgliedern von Kolchosen kleine Parzellen zur privaten Nutzung zur Verfügung standen, durften die Familien auf der Kola-Halbinsel eine kleine Anzahl privater Rentiere *(ličnye oleni)* innerhalb der staatlichen Herde halten. Konstantinov (2006) schätzt deren Anteil über die ganze Existenzzeit der Sowjetunion auf ca. 10% des Gesamtbestandes an Rentieren. Zudem betrieben die Kolchosen auch die konventionelle Viehzucht mit Kühen, Schafen, Schweinen und Ziegen, die aus südlicheren Gebieten Russlands importiert wurden. Frau Matrëchina sieht darin einen entscheidenden Sprung in der Lebensqualität, weil nun auch Milchprodukte zur täglichen Nahrung gehörten.[123]

Durch den Beginn der Kollektivierung fanden auch erste Zentralisierungsbestrebungen, d.h. Umsiedlungen, der bisher – im Gegensatz zu den Komi – sehr verstreut lebenden Samen statt. Die massenhafte Kolonisierung der Halbinsel engte den Lebensraum der Rentiere und der von deren Zucht lebenden Menschen immer mehr ein. Nina Afanas'eva berichtet von den Umständen der ersten

120 Vgl. Konstantinov 2006, 7.
121 Vgl. Konstantinov 2006, 9.
122 Vgl. Robinson/Kassam 1998, 14.
123 Vgl. Interview Matrëchina, Z. 51-55.

Umsiedlung ihrer Familie im Jahre 1937 von Semiostrov'e nach Varzino, die kurz vor ihrer eigenen Geburt stattgefunden hatte:

> O: С приходом советской власти уже в тридцатые годы начинают создаваться колхозы, и начинается перевод саамов на оседлую жизнь, в связи с **чем**, скажем, Семиостровье было закрыто [...]. Почему? Потому что туда дорог не было, зимой-то на оленях проедешь, а летом как добираться? И принято было решение обосновать постоянное место жительства вот на берегу Баренцева моря. Вот в этой деревне ((показывает фотографию)). Это летняя деревня была [...] Там я и родилась, а именно в Варзино я родилась. [...] Почему здесь наши не жили саамы раньше зимой? Потому что это очень холодные места. [...] Потому невозможно было зимой жить. Потому саамы не жили здесь. Но ведь советскому человеку, который строит новую советскую власть, ему и в дамек не было, а как эти люди будут жить, где вообще дров, растительности нет. То есть, там [...] в Семиостровье, это лес, там можно было березняк нарубить, спилить, заготовить дрова. [...] И поэтому здесь зимой жить очень тяжело было. Но тем не менее наша деревня Варзино просуществовала до тысяча девятьсот шестьдесят четвертого года. //
>
> A: Mit der Ankunft der sowjetischen Staatsmacht werden schon in den dreissiger Jahren Kolchosen gegründet, und es beginnt die Überführung der Samen in ein sesshaftes Leben, **weshalb** auch Semiostrov'e geschlossen wurde. [...] Warum? Weil es dorthin keine Strassen gab; im Winter erreicht man es zwar mit den Rentieren, doch wie soll man im Sommer hinkommen? Und es wurde der Beschluss gefasst, einen ständigen Wohnort hier am Ufer der Barentssee zu gründen. Hier in diesem Dorf ((zeigt ein Foto)), das war [früher] eine Sommersiedlung. [...] Dort wurde ich geboren, genau in Varzino wurde ich geboren. [...] Warum lebten früher unsere Samen hier nicht im Winter? Weil das sehr kalte Orte sind. [...] Weil es nicht möglich war, im Winter hier zu leben. Deshalb lebten die Samen hier im Winter nicht. Aber dem Sowjetmenschen, der die neue sowjetische Herrschaft aufbaut, dem war es völlig egal, wie diese Leute leben werden, wo es überhaupt kein Holz, keine Vegetation gibt. Dort, in [...] Semiostrov'e, gab es Wald, dort konnte man Birken fällen, absägen und Brennholz machen. [...] Und deshalb war es sehr schwer, hier im Winter zu leben. Und dennoch existierte unser Dorf Varzino bis 1964.[124]

Bei dieser Umsiedlung standen noch nicht die Interessen der Militärs im Vordergrund. Dies war vor allem in den Restrukturierungen während des Kalten Krieges der Fall, als die Zivilisten massenhaft von der Küste der Barentssee entfernt wurden (siehe Kap. 5.4). Zur Anfangszeit der Kollektivierung fand hingegen eine Bewegung in die entgegengesetzte Richtung statt: Es wurden grössere, ganzjährige Siedlungen, wie z.B. Varzino, direkt an der Küste gegründet, um eine bessere Anbindung an den Verkehr zu garantieren und so auch die produzierten Güter zu verschiffen; das ganzjährig eisfreie Meer ist bis heute der einzige Verkehrsweg, über den zahlreiche Orte der Kola-Halbinsel erreicht werden können.

Nina Afanas'eva spricht eines der wichtigsten Probleme dieser Umsiedlungen an: Es wurde nicht für nötig gehalten, die Kenntnisse der Lokalbevölkerung

124 Interview Afanas'eva, Z. 26-35, 57-59, 242 f., 253-263.

mit einzubeziehen. Wie aus Frau Afanas'evas Ausführungen ersichtlich ist, gab es gute Gründe, weshalb in dieser unwirtlichen Weltgegend der Mensch seit Jahrtausenden für den Winter und den Sommer unterschiedliche Wohnorte hatte. Durch die Kola-Halbinsel verläuft die wichtige vegetative Grenzzone zwischen Taiga und Tundra. Während im Landesinnern Bäume noch zur Genüge vorhanden sind, werden diese gegen Norden immer seltener. Die Nordküste, an der sich nicht nur Varzino, sondern auch Frau Matrëchinas Lebensort Gremicha befand, ist schon fast ganz baumlos; dies bedeutet auch mangelnden Schutz vor den im Winter eisigen Winden und Brennholzmangel. Diese Missachtung von fundamentalen Kenntnissen der Eingeborenen und der lokalen Besonderheiten von Klima und Vegetation führte nicht nur zu neuen logistischen Schwierigkeiten, wie der Beschaffung von Brennholz, sie machte die Menschen an ihrem neuen, vorgegebenen Wohnort auch unglücklich.

Abbildung 8: Nichts erinnert heute mehr an das 1962 liquidierte Dorf Varzino an der Küste der Barentssee (Foto: A. Stepanenko, 2001).

Über den Umgang mit sogenannten Kulaken in der Zeit vor dem grossen Terror gibt es in der vorhandenen Literatur kaum Informationen. Gemäss der Arbeit von Kiselev/Kiseleva (1987), die den offiziellen sowjetischen Standpunkt vertritt, mussten die etwas wohlhabenderen Rentierzüchter in der ersten Zeit der Kollektivierung vor allem mit administrativen Massnahmen rechnen: Sie wurden zur Abgabe ihrer Gewehre gezwungen, aus den Kooperativen ausgeschlossen und in den neu erstellten Schlachthöfen und Veterinärstationen nicht bedient. In Lovozero, dem Zentrum der Samen, wurde ihnen der Zugang zur neugegründeten Bibliothek verweigert.[125]

5.2. Repressionen und Terror unter Stalin

Zu solchen vergleichsweise sanften Massnahmen kamen spätestens ab Mitte der 1930er Jahre jedoch weit härtere Vorgehensweisen.

> „The Great Terror of the late 1930's culminated a shift from terror based on class to that based on ethnicity. It brought the extension of ethnic cleansing to all Soviet borderlands. […] the most striking paradox of the last two decades of Stalin's rule: the simultaneous pursuit of nation building and nation destroying."[126]

In diesem Licht sind die Schreckensjahre der Stalinherrschaft zu sehen, die auch an den Samen nicht spurlos vorbeigingen. Nina Afanas'eva erzählt:

> О: […] пока до смерти отца у нас было жилище, было, мы жили не в доме- ну да, в доме тетушки Марии. А тетушка Мария, почему во время войны ее не было, она была замужем за Матрехиным, и они попали под репрессию. То есть, как зажиточная семья. В тридцать седьмом году ее мужа забрали, и он ушел и не вернулся. А тетя Мария вместе с детьми, […] она была отправлена в Архангельскую область на выселение […].
> В: Как жена врага народа?
> О: Как жена репрессированного, ведь она ж жила с ним в достатке, поэтому, ведь зачем. Искореняли, так весь род искореняли. […] Потом она в конце войны вернулась. […] И она же конечно заняла свое жилище-то. У нее там русская печка была, теплая изба, и потом пекарня там еще была. И она у нас работала пекарем, тетя Мария. Поэтому она заняла свое законное жилище, а мы начали по семьям. //
>
> A: […] Vor dem Tod des Vaters hatten wir noch eine Behausung, aber wir lebten nicht im Haus- doch, im Haus der Tante Marija. Und diese Tante Marija, warum war die während des Krieges abwesend? Weil sie den Matrëchin[127] geheiratet hatte, und sie fielen den Repressionen zum Opfer. Also als wohlhabende Familie [Kulaken]. Im Jahre '37 haben sie ihren Mann verhaftet, er wurde mitgenommen und kam nie zurück. Und Tante Marija wurde gemeinsam mit den Kindern […] ins Gebiet Archangel'sk in die Verbannung geschickt […].
> I: Als Ehefrau eines Volksfeindes?
> A: Als Ehefrau eines [vom Staat] Verfolgten, sie führte ja mit ihm ein wohlhabendes Leben, deshalb, ja. Sie wurden ausgerottet, das ganze Geschlecht wurde ausgerottet. […] Doch nach dem Krieg kehrte sie zurück. […] Und natürlich kehrte sie in ihr Haus zurück. Und da hatte sie einen russischen Brennofen, eine warme Hütte, und später hatte sie dort auch eine Bäckerei. Sie arbeitete bei uns [im Dorf] als Bäckerin,

---

125 Vgl. Kiselev/Kiseleva 1987, 70.

126 Martin 1998, 815 f.

127 Dies ist nicht unbedingt ein Verwandter von Anastasija Matrëchina. Matrëchin ist einer der am weitesten verbreiteten samischen Familiennamen auf der Kola-Halbinsel.

die Tante Marija. Und deshalb bewohnte sie ihr Haus, auf das sie gesetzmässig Anrecht hatte, und wir begannen von Familie zu Familie zu ziehen.[128]

Wurde man zu Beginn der Kollektivierung vor allem durch Überzeugungsarbeit dazu animiert, den Genossenschaften (*artel'*) beizutreten, wurden die Massnahmen mit der Zeit immer drastischer. Wie bereits im vorangehenden Kapitel am Beispiel von Semiostrov'e aufgezeigt, wurden zwischen 1931 und 1938 zahlreiche kleinere *pogosty*, in denen die Samen seit vielen Generationen wohnten, geschlossen und deren Bewohner in grössere, meist nach der Revolution gegründete Dörfer umgesiedelt und zum Eintritt in die Kolchosen genötigt.[129] Viele, die weiterhin das halbnomadische Leben vorzogen und sich weigerten, ihre Rentiere in die Kolchose abzugeben, wurden als Kulaken klassifiziert und zum Teil verbannt oder verhaftet. In Jona, dem Gründungsort einer neuen Kolchose, wurden einige Männer erschossen; dies diente auch der Abschreckung.[130]

Die sich in der ganzen Sowjetunion ausbreitende ‚Politik' der pauschalen Verurteilung ganzer Ethnien, statt – wie bisher – Klassen, bekamen auch die Samen zu spüren. 1938 wurde vom NKVD die sogenannte nationalistisch-konterrevolutionäre Samische Verschwörung fabriziert, in Folge derer 34 Menschen verhaftet wurden. Von diesen wurden 15 erschossen und 13 zu langjährigen Haftstrafen verurteilt.[131]

Auch im Kampf gegen die Religion wurde eine härtere Gangart eingeschlagen. In Bol'šakovas Buch (2003), einer der wenigen mit Selbstzeugnissen angereicherten Arbeiten zu den Samen, erzählt eine Zeitzeugin, dass 1938 die Kirche in Lovozero in einen Klub umgewandelt und die Kirchtürme zerstört wurden. Kreuze, Ikonen und Bücher wurden zunächst demonstrativ mit den Füssen zertreten und anschliessend verbrannt, und es wurden sogar Gräber geschändet, an deren Stelle ein Gebäude errichtet werden sollte. Menschen mussten Dokumente unterschreiben, in denen sie sich von der Kirche lossagten. Geistliche wurden verhaftet und verschwanden.[132] Dennoch gab es offenbar die Möglichkeit, Kirchen zu besuchen und die Religion auszuleben, auch wenn man sich vielleicht hatte offiziell von der Kirche lossagen müssen. Anna Jur'eva erzählt über ihre Grossmutter:

В: […] А как вы относились и относитесь к религии? Была ли она важна во время вашей жизни в советское время?
О: У меня родители всю жизнь- При советской власти-то запрещали. А бабушка всю жизнь молилась богу, нам предсказания говорила все. Вот. А на большие- на каждый большой праздник она ездила в Кировск в церковь [45 км от Умбозеро]. Там во время войны церковь-то не разрушена была, церковь стояла. Деревянная церковь была. Она все праздники ходила туда молиться. Потом

128 Interview Afanas'eva, Z. 342-371, 467-484.
129 Vgl. Bogdanov 2000.
130 Vgl. Robinson/Kassam 1998, 50.
131 Vgl. Bol'šakova 2003, 233.
132 Vgl. Bol'šakova 2003, 40-42.

стала добиваться, чтобы здесь [в Умбозере] церковь сделали. Она добивалась, добивалась, ничего не могла добиться. Заболела, она умерла в 89 лет. Но сказала, говорит, церковь здесь будет, в Ревде будет и в Ловозере здесь будет. Но она, жалко, не дожила до этого. (3) Родители у меня- папа был коммунист, но он все время верил все равно в бога, мама все время верила, бабушка так все время, уж у ней икон очень много будет. [...] Мама потом умерла, и тоже иконы все забрала вот живет в Апатитах сестра, все старинные иконы забрала эта сестра.
В: А вы?
О: Я в свою церковь хожу тоже.
В: И в советское время?
О: В мыслях все время была.
В: Как, в мыслях?
О: В мыслях все время с богом жила тоже. Потому что я крещенная, мне говорили, крещенная. //

I: Was für ein Verhältnis hatten und haben Sie zur Religion? War sie zur Sowjetzeit für Sie in Ihrem Leben wichtig?
A: Meine Eltern haben das ganze Leben- Zur sowjetischen Zeit war das ja verboten. Aber die Grossmutter betete ihr ganzes Leben zu Gott, sie erzählte uns ständig Weissagungen. Ja, und zu jedem wichtigen Fest fuhr sie nach Kirovsk [ca. 45 km entfernt] in die Kirche. Zu jedem Fest ging sie dorthin zum Beten. Dort wurde die Kirche ja im Krieg nicht zerstört, die Kirche stand. Später versuchte sie zu erreichen, dass hier [in Umbozero] eine Kirche gebaut würde. Sie arbeitete lange darauf hin, konnte aber nichts erreichen. Sie wurde krank und starb mit 89 Jahren. Aber sie sagte, hier wird es eine Kirche geben, in Revda wird es eine geben und hier in Lovozero wird es eine geben. Aber sie konnte das nicht mehr erleben, schade. (3) Meine Eltern- Der Vater war Kommunist, aber er glaubte trotzdem immer an Gott, die Mutter glaubte immer an Gott, und auch die Grossmutter. Sie hatte sehr viele Ikonen. Dann starb meine Mutter, und alle Ikonen hat meine Schwester, die in Apatity lebt, zu sich genommen, alle alten Ikonen hat diese Schwester zu sich genommen.
I: Und Sie?
A: Ich gehe auch in meine Kirche.
I: Und zur Sowjetzeit?
A: In den Gedanken immer.
I: Wie, in den Gedanken?
A: In meinen Gedanken habe ich auch immer mit Gott gelebt. Weil ich getauft bin, sagte man mir, getauft.[133]

Die Kontrolle der Privatsphäre war in diesen ländlichen Gebieten offenbar nicht so stark wie in der Stadt; dies beweist das Überleben der Ikonensammlung der Grossmutter, die bis heute im Familienbesitz geblieben ist.

Die Untaten des NKVD zielten mehr auf die ethnische als auf die Religions- oder, wie bereits erwähnt, Klassenzugehörigkeit. Die entsprechenden Ereignisse auf der Kola-Halbinsel wurden in der Literatur erst in der letzten Zeit aufgearbeitet. Neben Bol'šakovas Buch widmet sich vor allem Stepanenko (2002) der Aufarbeitung der damaligen Ereignisse. Unter Beiziehung zahlreicher Quellen

133 Interview Jur'eva, Z. 400-420.

(Fotos, mündliche und schriftliche Selbstzeugnisse) wird von der Erschiessung der Männer der Siedlung Motovskij berichtet, von der Liquidierung der Kolchose *Tundra* und der zwangsweisen Deportation von Samen im Jahre 1940 aus dem Gebiet, in dem die Deutschen aufmarschierten. Erst 2001 erhielten die Nachkommen der Erschossenen eine offizielle Rehabilitationsbescheinigung.[134] Insgesamt wurden während der Jahre der Stalin-Herrschaft 73 Samen und 33 Komi verhaftet, von denen 37 bzw. 18 erschossen wurden.[135]

Noch während der Perestrojka wurden von Kiselev/Kiseleva (1987) – einer heute eher als Quelle zu verwendenden Arbeit – die Repressionen des NKVD nur in Form von sehr indirekten Andeutungen erwähnt:

> „И хотя после чистки рядов партии [...] численность тундровых партийных организаций несколько сократилась, коммунисты оставались ведущей и руководящей силой в осуществлении социалистических преобразований в тундре.“ //
>
> „Und auch wenn nach der Säuberung einiger Reihen der Partei die Anzahl der Parteiorganisationen in der Tundra um ein gewisses Mass zurückgegangen war, blieben die Kommunisten die führende und leitende Kraft in der Realisation sozialistischer Umwälzungen in der Tundra.“[136]

Die gesamte Zeit zwischen der Revolution und dem Zweiten Weltkrieg mit ihren zum Teil gewaltsamen Umwälzungen wird in Kiselev/Kiseleva (1987), der nach wie vor umfangreichsten historiographischen Darstellung über die Samen Russlands, unter Verwendung des gewohnten Mantra der Völkerfreundschaft euphemistisch resümiert:

> „Успехи культурной революции на Кольском полуострове, достигнутые в довоенные годы саамами вместе с русскими, финнами, карелами, коми, ненцами, были очевидны.“ //
>
> „Die Erfolge der Kulturrevolution auf der Kola-Halbinsel, die in der Vorkriegszeit von den Samen gemeinsam mit den Russen, Finnen, Kareliern, Komi und Nenzen errungen wurden, waren offensichtlich.“[137]

5.3. Der finnisch-russische Krieg und der Zweite Weltkrieg

Generell gibt es zur Rolle der Samen während des Krieges nur wenig Literatur, und auch die Interviewpartnerinnen konnten nicht allzuviel darüber berichten, da sie sich zu jener Zeit noch im Kindesalter befanden.

Die Grenzverschiebungen aufgrund der russisch-finnischen Auseinandersetzungen 1939-1940 hatten zur Folge, dass mehrere Samen von ihrem früheren Wohnort wegziehen mussten oder plötzlich zu einem anderen Staat gehörten als

134 Vgl. Stepanenko 2002.
135 Vgl. Bogdanov 2000.
136 Kiselev/Kiseleva 1987, 66.
137 Kiselev/Kiseleva 1987, 104.

zuvor.[138] Ein trauriges Schicksal ereilte während des Zweiten Weltkrieges die kleine, in der Gegend der deutsch-russischen Front gelegene Siedlung Skolt: Alle Männer wurden erschossen, die Frauen und Kinder deportiert.[139]

Deportationen weg vom Kriegsgebiet trafen auch andere ‚potentiell verräterische' Ethnien. Im seinem in Romanform verfassten Selbstzeugnis berichtet der gebürtige Finne Sven Lokko (1993) auf eindrückliche Weise, wie die kommunistisch gesinnten und kurz nach der Oktoberrevolution aus politischen Gründen auf die Kola-Halbinsel emigrierten Finnen – unter ihnen Lokko selbst – deportiert wurden und für die Kriegsindustrie weit weg von der Front in Arbeitslagern Waren herzustellen hatten. Gemäss Lokkos Darstellungen wurden diejenigen, die diese Zeit überlebten und nach dem Krieg heimkehrten, mit grossem Misstrauen behandelt und als Feiglinge beschimpft, die sich vor dem Krieg versteckt hätten.

Gemäss offizieller Statistik wurden während des Krieges 8'617 ethnisch ‚andersartige' Menschen (*inonacional'nosti*), d.h. Nicht-Russen, wegen angeblicher Kollaborationsgefahr von der Kola-Halbinsel in von der Front weiter entfernte Gebiete wie Karelien, das Gebiet Archangel'sk oder gar das Altai-Gebirge deportiert.[140]

Während des Krieges wurden nicht wenige Samen deportiert oder erschossen, die meisten jedoch halfen direkt an oder hinter der Front mit, den Krieg zu gewinnen. Für die eigene Unversehrtheit war dies natürlich ein nicht minderes Risiko als deportiert oder verhaftet zu werden. Nach dem Krieg war die soziale Wertschätzung jener, die gekämpft hatten, freilich viel höher als derer, die deportiert worden waren. Die einzige Untersuchung spezifisch zur Rolle der kleinen Völker des Nordens an der arktischen Front kommt zum Schluss, dass die einzelnen Ethnien im Grossen und Ganzen unterschiedliche Aufgaben übernahmen: Die Russen kommandierten, die Samen zeigten den Weg, da sie sich im unwegsamen Gelände am besten auskannten, die Nenzen waren gut im Schiessen aus Verstecken in der Wildnis und die Komi waren für Transporte mit Rentierschlitten verantwortlich.[141]

Für die Daheimgebliebenen Alten, Frauen und Kinder hing die Versorgunglage entscheidend davon ab, ob viele ihrer Männer eingezogen wurden oder nicht. So sagt Frau Matrëchina als einzige Informantin, dass in ihrem Dorf im Krieg nicht gehungert wurde und erwähnt im selben Atemzug den Grund dafür: Alle Männer ihrer Umgebung waren daheimgeblieben und konnten mit Fischfang und Jagd die Versorgung ihrer Familien garantieren.[142] Die Familien meiner übrigen Gesprächspartnerinnen hatten weniger Glück: Fast alle arbeitsfähigen Männer wurden an die Front geholt. Die zurückgebliebenen Frauen und Kinder

138 Vgl. Rasmussen 1995, 48.
139 Vgl. Sarv 1996, 134.
140 Vgl. Bogdanov 2000.
141 Vgl. Gorter-Gronvik/Suprun 2000, 129.
142 Vgl. Interview Matrëchina, Z. 47-51.

hatten in erster Linie den Betrieb der Kolchose aufrecht zu erhalten, mit deren Produkten die Front beliefert wurde. Zur privaten Nahrungsbeschaffung, die zusätzlich zu den zugeteilten Rationen nötig und von den Naturressourcen durchaus möglich gewesen wäre, blieb hingegen schlicht kaum Zeit übrig.[143]

5.4. Die endgültige Zentralisierung der Samen und Etablierung des sowjetischen Rentierzucht-Systems

> В: А Иоканга? Вы там жили.
> О: А Иоканга, я в 41-ом по 58-ой год- В 58-ом году уже переехали, выселять стали. С Иоканги. Там всех выселили.
> В: То есть, Иокангу ликвидировали? А по какой причине?
> О: Начальство такое. Ну, ((кашель)) Лумбовку закрыли, Иокангу закрыли [...]. Все закрыли. Столько оленей было! Не знаю, почему так случилось.
> В: А как вас переселяли в Гремиху? Народ хотел?
> О: Нет, очень сопротивлялись. Все закрыли, так куда деваться, надо уезжать. Оленей много было, всех угнали, всех продали. Иоканга-то большая была! Всех выселили. [...] С Иоканги, кто куда хочешь мог ехать. Больше у нас в Ловозеро уехали.
> В: Добровольно можно было уехать, или вас отправляли туда? Кто переселял?
> О: Переселяли. Начальство, власти. Что они будут говорить, закрыли и все. Вот колхоз закрыли и все. Сельсовет закрыли, факторию закрыли. Больше делать нам там нечего. Вот и уехали. //
>
> I: Und Iokanga? Sie lebten doch dort.
> A: Iokanga, von 1941 bis '58 zogen wir schon weg, man begann uns auszusiedeln. Aus Iokanga. Alle wurden von dort umgesiedelt.
> I: Heisst das, Iokanga wurde liquidiert? Aus welchem Grund?
> A: Das war die Obrigkeit. ((hustet)) Lumbovka wurde geschlossen, Iokanga wurde geschlossen. [...] Alles wurde geschlossen. So viele Rentiere gab es! Ich weiss nicht, warum das so geschehen ist.
> I: Und wie wurden Sie nach Gremicha umgesiedelt? Wollten das die Leute?
> A: Nein, sie wehrten sich sehr. Alles wurde geschlossen, was soll man machen, man musste wegfahren. Rentiere gab's viele, und alle wurden wegtransportiert, alle wurden verkauft. Iokanga war ja gross! Alle wurden umgesiedelt. [...] Aus Iokanga konnte jeder wohin er wollte. Die Mehrheit von uns ist nach Lovozero gezogen.
> I: Konnte man freiwillig gehen oder wurde man dorthin geschickt? Wer siedelte Sie um?
> A: Man wurde umgesiedelt. Die Obrigkeit, die Behörden. Was können [die Leute] schon sagen? Es wurde geschlossen und fertig. Der Dorfsowjet wurde geschlossen, die Faktorei wurde geschlossen. Dort gab's einfach nichts mehr zu tun, und deshalb zogen wir weg.[144]

Nach den Zwangsumsiedlungen der Vorkriegszeit (aufgrund der Kollektivierung) und der Kriegsjahre (wegen Grenzverschiebungen und des Frontverlaufs) gab es in den 1950er bis 1970er Jahren die dritte und abschliessende Welle von

143 Vgl. zum Beispiel Interview Jur'eva, Z. 67-87.
144 Interview Matrëchina, Z. 95-103, 371-375.

Umsiedlungen, von denen Frau Matrëchina hier spricht und deren Gründe und Umstände im Folgenden aufgezeigt werden. Seit den 1970er Jahren leben die Samen komplett zentralisiert in einigen wenigen Siedlungen (*mesta kompaktnogo proživanija*), vor allem in Lovozero und Krasnoščel'e. In dieser besonders entbehrungsreichen Zeit der Umsiedlungen und rasanten Vergrösserung der Kolchosen/Sowchosen waren die in meiner Untersuchung interviewten Personen berufstätig, gründeten eine Familie und zogen ihre Kinder gross. Somit bildet diese Periode einen der wichtigsten temporalen Bezugspunkte im Leben meiner Interviewpartnerinnen. Es soll deshalb hier auch besonders detailliert darauf eingegangen werden, was einerseits die vorhandene Literatur und andererseits meine Informantinnen über diese Kernepoche meiner Untersuchungen zu berichten haben.

5.4.1. Die Schliessung von samischen Siedlungen

Die Gründe für die Umsiedlungen waren mannigfach. Offiziell war das Motiv jedoch meistens die Vergrösserung der wichtigsten Kolchosen und deren Umwandlung in Sowchosen. Dies bedeutete, dass kleinere Kolchosen aus Gründen der Rationalisierung liquidiert wurden. Ganze Ortschaften wurden deshalb als perspektivlos (*besperspektivnye*) eingestuft und geschlossen. Diese dritte Umsiedlungswelle hatte ihre rechtliche Basis im 1957 gefassten Beschluss „Über die Massnahmen zur weiteren Entwicklung der Wirtschaft und Kultur der Völker des Nordens" (*postanovlenie „O merach po dal'nejšemu razvitiju ėkonomiki i kul'tury narodnostej Severa"*), in der die Ziele einer Vergrösserung einzelner Kolchosen und deren Umwandlung in Sowchosen formuliert wurden.[145] Der Beschluss war eine direkte Folge von Chruščevs Politik der ‚Agglomeration' (*ukrupnenie*) und agrarischen Expansion.[146] Das Resultat dieser letzten Umsiedlungswelle war, dass viele Familien gar zwei- oder dreimal gezwungenermassen ihren Wohnort wechseln mussten, so zum Beispiel Anastasija Matrëchinas Familie oder auch Nina Afanas'evas Eltern, die vor dem Krieg von Semiostrov'e nach Varzino hatten ziehen müssen und danach Varzino ebenfalls verlassen mussten:

> О: […] в шестьдесят четвертом году деревню [Варзино] закрыли, а последние жители выезжали уже в шестьдесят восьмом году.
> В: То есть, вы считаете, что зря построили этот дом? [Незадолго до выселения построили новый дом.]
> О: Почему?
> В: Четыре года всего [вы смогли там жить].
> О: А почему, мы ведь- В то время, когда он [отец] строил дом, мы не думали, что кому-то в голову придет, опять из этих власть имущих, что надо- Хрущевское время уже. Политика укрупнения хозяйств. Опять-таки, понимаете, тридцать седьмой год, там разрушали деревни, которые отдаленки, малоперспек-

145 Zit. nach Kiseleva 1994, 75.

146 Vgl. Vladimirova 2006, 140 f.; vgl. Interview Golych, Z. 671-681.

тивные были, начиналось разрушение всех саамских деревень. […] то есть, советское время по нас как огнем и полымем прошло, понимаете? Целые деревни, тридцать деревень саамских было закрыто, в том числе Семиостровье, где мои родители, бабушка, дедушка – все жили. Оно прахом ушло. И дальше в деревне [Варзино], где я родилась, где мы прожили практически- я с тридцать девятого года, я в последний раз была в шестьдесят четвертом году […] А в шестьдесят восьмом году деревни не стало. //

A: […] '64 wurde das Dorf [Varzino] geschlossen, und die letzten Einwohner verliessen es 1968.
I: Heisst das, Sie finden, dass Sie dieses Haus vergeblich gebaut hatten? [Die Familie hatte kurz zuvor in Voron'e ein neues Haus gebaut.]
A: Warum?
I: Nur vier Jahre [konnten Sie ja darin leben].
A: Warum, wir haben ja- damals, als er [der Vater] das Haus baute, dachten wir nicht, dass es jemandem, wieder jemandem der Machthaber, in den Sinn kommen könnte, dass wir- Es war schon die Chruščev-Zeit. Die Politik der landwirtschaftlichen Agglomeration. Verstehen Sie, 1937, da wurden Dörfer zerstört, die abgelegen waren und wenig Perspektiven hatten, es begann die Zerstörung aller samischen Dörfer. […] Die sowjetische Zeit hat uns wie ein Fegefeuer heimgesucht, verstehen Sie? Ganze Dörfer, dreissig samische Dörfer wurden geschlossen, unter anderem Semiostrov'e, wo meine Eltern, die Grossmutter, der Grossvater, alle lebten. Das ist nun alles Staub und Asche. Und weiter im Dorf, wo ich geboren wurde [Varzino], wo wir praktisch seit '39 lebten, war ich zum letzten Mal im Jahre '64 […] Und '68 hörte das Dorf auf zu existieren.[147]

Nina Afanas'eva kommt im Gespräch aber auch auf die wahren Gründe der Schliessungen zu sprechen, die ganz anderer Natur waren und offiziell nicht kundgetan wurden:

О: […] У нас [в Варзино] часть была войска помор, стояли на горке, охраняли небо наше, ловили самолеты чужие, и пограничная часть была. Так вот было пос- был построен так называемый командный пункт из этой школы и стрельбище. Ну, рельсы проведены там, мишени бегали. Учили мальчиков стрелять. Поэтому. Поэтому вот нашу деревню закрыли, чтобы тоже не нужна стала. То есть мотивов для закрытия было много, и военные занимали эту территорию. А подводный флот, погранцы, ПВО, куда-то их надо было, а гражданское население показалось как бы помехой. […]
В: Вы рассказываете все эти вещи, скажем, не очень приятные обстоятельства для вас и ваших родных.
О: Ну это не только меня касалось или моих родных. Это коснулось всех саамов Мурманской области. То, что пережили мы в этой маленькой деревне, это пережили жители Кильдина, это пережили жители Чудзъява. […] Да западную сторону взять. Тридцать поселков саамских закрыли. Так вот то, что пережила я, весь запад, да там еще Западная Лица. Поселок Белокаменка, сегодня занято Североморском [крупнейшей базой Северного флота]. Военные. Понимаете, развивая систему здесь на Кольском полуострове, мощную военную систему,

147 Interview Afanas'eva, Z. 533-551.

местное население, оно как бы оказалось в заложниках. Потому что мы мешали тут, мы мешали сям, мы мешали здесь. //

A: Bei uns [in Varzino] gab es eine Einheit der Pomorenheers, sie standen auf einem Hügel und bewachten unseren Himmel, fingen fremde Flugzeuge, und es gab eine Grenzwächtereinheit. Ja und da wurde ein sogenannter Kommandopunkt aus dieser Schule eingerichtet und ein Schiessplatz. Es wurden Schienen verlegt und die Zielscheiben liefen hin und her. Jungs wurden im Schiessen ausgebildet. Deshalb. Deshalb haben sie unser Dorf geschlossen, damit [dessen Existenz] auch nicht mehr nötig war. Ich meine, Motive für eine Schliessung gab es viele, und das Militär hat dieses Gebiet besetzt. Und die U-Boot-Flotte, die Grenzwächter, die Luftabwehr, die mussten alle irgendwohin, und die Zivilbevölkerung war irgendwie im Weg. [...]
I: Sie erzählen all diese Sachen, sagen wir, nicht sehr angenehme Umstände für Sie und Ihre Familie.
A: Nun ja, das betraf nicht nur mich oder meine Verwandten. Das betraf alle Samen der Region Murmansk. Das, was wir in diesem kleinen Dorf durchgemacht haben, das haben die Einwohner von Kil'din durchgemacht, das haben die Einwohner von Čudz''javr durchgemacht. Ja und wenn man noch die westliche Seite nimmt; das, was ich durchgemacht habe, das hat auch der ganze Westen erlebt, ja da gibt es noch Zapadnaja Lica. Das Dorf Belokamenka, das heute von Severomorsk [dem grössten Marinestützpunkt der Nordflotte] besetzt ist. Das Militär. Verstehen Sie, indem das System hier auf der Kola-Halbinsel entwickelt wurde, ein mächtiges Militärsystem, wurde die örtliche Bevölkerung gewissermassen zu Geiseln. Weil wir hier störten. Wir störten dort, wir störten hier.[148]

Tatsächlich befanden sich interessanterweise fast alle Siedlungen, die offiziell als perspektivlos eingestuft und aufgelöst wurden (z.B. Čudz''javr, Iokanga, Varzino, Lumbovka), an der Küste der Barentssee – jener Zone, die das Militär für sich haben wollte. Die Militärs waren an der Errichtung von Stützpunkten und der weitgehenden Entfernung von Zivilisten aus dem Küstengebiet der Barentssee interessiert, denn die Kola-Halbinsel war und ist die einzige Region der Sowjetunion und heute Russlands, die direkt an ein NATO-Land (Norwegen) grenzt. Die strategische Relevanz des Gebietes war (und ist) hoch, und dafür musste die Lokalbevölkerung bezahlen.

Auch die Industrie hatte wichtige Bedürfnisse: Aufgrund des wachsenden Energiebedarfs wurden auf der fluss- und seenreichen Kola-Halbinsel mehrere Wasserkraftwerke gebaut. Von Stauseen überflutet wurden Restikent, Ivanovka und Voron'e, das Heimatdorf von Frau Popova und Frau Golych. Zudem standen mehrere samische Siedlungen der mächtigen Bergbauindustrie im Wege.

В: А, в общем, насколько все эти неприятности были связаны с тем, по вашей оценке, с тем, что вы нерусские-
О: Нет, так нельзя сказать, что-
В: Что вы саами?
О: Нет, это нельзя сказать, что я именно саами- Именно с побережья нужно было [выселять], для того чтобы военные базы стояли, так понимаю сегодня, именно саамы не жили в южной территории, в центральной только Ловозеро, в

148 Interview Afanas'eva, Z. 680-687, 830-842.

центральной части. Остальные-то жили [на севере]. В Воронье тоже был выход на Баренцево море. Потому что олень так-, такое животное, которое в зимнее время в глубине материка находится, а в летом переезжает, переходит к берегу, потому что от овода, гнуса, комара- там легче спасаться. Ну, ветер северный гуляет. [...] Он [саамский народ] освоил те места, которые ну, были необходимы для того, что бы заниматься оленеводством, охотой и рыболовством. В глубине материка озера есть. Но вот не настолько богаты. Им на- Экостровский погост тоже был. Между Апатитом и Мончегорском. И Имандра. Большие озера. Вот там мончегорские саамы были. Повсюду. Мончегорск ведь построился. Тех же самых куда? Тоже куда раскидали. Лапландский заповедник построили, он до сих пор существует. Гордость Кольского полуострова ((с сарказмом)). Лапландский заповедник. Сегодня дед Мороз там поселился, живет. Туда губернатор наш ездит отдыхать. Там красиво, там хорошо. Куда саамов бабинских, куда саамов деть? У саамов был зимний погост, закрыли. Ведь не спрашивали и не учитывали систему выживания этого народа. А система была четкая. Летом мы тут живем, осенью мы здесь живем, то есть полукочевой образ жизни, а зимой на длительное время, на более длительное время оседлая, оседали в зимних погостах. [...] С одной стороны военные с побережья нас выселили. Мончегорск, Кировск, Апатиты, строятся огромные горнопромышленные комбинаты, которые- которым нужна была земля, богатая минералами, которые они добывали. То же самое западное там побережье, поселок Никель где, Заполярный, что, это то же. И промышленное, промышленное освоение. Оно было, есть и сейчас будет продолжаться. Без нас оно, нас не будет. Мы теперь для них не помеха. //

I: Inwiefern waren nach Ihrer Beurteilung all diese Unannehmlichkeiten damit verbunden, dass Sie nicht Russen waren,-
A: Nein, das kann man so nicht sagen-
I: Dass Sie Samen waren?
A: Nein, das kann man nicht sagen, dass ich gerade Samin bin- Genau von der [nördlichen] Küste musste man umsiedeln, damit die Militärbasen dort stehen konnten, so verstehe ich das heute. Gerade die Samen lebten nicht im südlichen Territorium, und im zentralen gibt es nur Lovozero, im zentralen Teil. Die übrigen lebten [im Norden]. In Voron'e gab es auch einen Zugang zur Barentssee. Denn das Rentier ist so ein Tier, das sich im Winter in der Tiefe des Festlands befindet, und im Sommer zieht es an die Küste, weil es sich dort vor den Bremsen und Mücken einfacher retten kann. Der Nordwind bläst dort. [...] [Das samische Volk] hat jene Orte erschlossen, die nötig waren, um die Rentierzucht zu betreiben, zu jagen und zu fischen. Tief im Festland gibt es die Seen, aber die sind nicht so reich. [Dort] gab es die Siedlung Ėkostrovskij, zwischen Apatity und Mončegorsk. Und Imandra. Grosse Seen. Und dort lebten die Mončegorsker Samen. Überall [lebten die Samen]. Aber Mončegorsk [eine neue Industriestadt] wurde ja gebaut. Und wohin mit denen [den Samen]? Auch die wurden auseinandergeworfen. Dann wurde das Lappland-Reservat [ein Biosphärenreservat] gegründet, es existiert bis heute. Der Stolz der Kola-Halbinsel ((sarkastisch)). Das Lappland-Reservat! Heute lebt der Weihnachtsmann dort! Unser Gouverneur fährt zur Erholung dorthin! Dort ist es schön, dort ist es gut. Und wohin mit den Samen aus Babinskij [einer ehemaligen Siedlung im heutigen Biosphärenreservat], wohin mit den Samen? Die Samen hatten [dort] eine Wintersiedlung, die wurde geschlossen. Sie fragten ja nicht, sie berücksichtigten ja nicht das Überlebenssystem dieses Volkes. Aber das System war genau eingerichtet: Im Sommer le-

ben wir hier, im Herbst dort, ein halbnomadisches Leben also, und im Winter war das Leben für längere Zeit sesshaft, man liess sich in den Wintersiedlungen nieder. [...] Auf der einen Seite haben uns die Militärs von der Küste weggesiedelt. [Im Landesinnern] in Mončegorsk, Kirovsk und Apatity wurden riesige Bergbau-Kombinate gebaut, die an Mineralien reiche Erde brauchten, die sie förderten. Das Gleiche im Westen, Nikel', Zapoljarnyj, das Gleiche. Industrielle, industrielle Erschliessung. Sie war, ist, und wird weitergeführt werden. Ohne uns, uns wird es nicht geben. Wir sind für die keine Störenfriede mehr.[149]

Es handelte sich somit – Gegensatz zur Kriegszeit unter Stalin – nicht um Umsiedlungen nach gezielt ethnischen Kriterien. Salopp formuliert, bewohnten ‚zufälligerweise' gerade die Samen die für das Militär interessanten Gebiete der nördlichen Küste; es waren ‚zufälligerweise' gerade die Samen, die auch die zentralen, für die Industrie wichtigen Gebiete der Kola-Halbinsel entlang der Hauptverkehrsachsen bewohnten; und es waren ironischerweise ebenfalls die Samen, die das Gebiet bewohnten, das 1930 vom Staat ausgesucht wurde, um das – seit 1985 UNESCO-geschützte – Lappland-Reservat (*Laplandskij Zapovednik*) zu gründen, als Sühne für die bereits begangenen und noch zu begehenden Umweltverbrechen. Da dieses nur für den Schutz von Flora und Fauna, nicht aber von gefährdeten Ethnien konzipiert ist, ergab es sich, dass die Samen schlussendlich nicht nur den Platz für das sowjetische Militär und die sowjetische Industrie räumen mussten, sondern auch für den sowjetischen Naturschutz. Diese ganzen ‚Zufälle' sind jedoch nicht verwunderlich: Die Samen bewohnten seit Jahrtausenden fast die gesamte Kola-Halbinsel, konnten jedoch aufgrund ihrer verschwindend kleinen Anzahl nichts gegen die massenhafte Kolonisierung im zwanzigsten Jahrhundert ausrichten.

149 Interview Afanas'eva, Z. 866-898.

Abbildung 9: Intaktes Rentiermoos im Lappland-Naturreservat (*Laplandskij zapovednik*). Solche Flächen sind auf der Kola-Halbinsel häufiger anzutreffen als in den benachbarten Gebieten Finnlands, wo die Rentierzucht viel extensiver betrieben wird und es deshalb weniger intakte Rentiermoos-Weideflächen gibt (Foto: Lukas Allemann, 2003).

Nur das südliche Ufer der Kola-Halbinsel wurde nicht von Samen bewohnt. Hier lebten die Pomoren, und diese blieben von Militär und Industrie weitgehend unbehelligt, weil diese Gebiete strategisch unwichtig und für die Industrie zu peripher gelegen waren.

In der tendenziös geschriebenen Darstellung von Kiselev/Kiseleva (1987) sind zynischerweise die Umsiedlungen zwischen den 1930er und 1970er Jahren oft in aktiven Verbformen dargestellt – sie werden mehr als Umzüge statt als Umsiedlungen beschrieben:

> „В 1931-1934 годах саамы Каменского погоста переехали на новое место жительства." //
>
> „1931-1934 zogen die Samen des Kamenskij *pogost* an einen neuen Wohnort."[150]

Es werden aber auch zweideutige Formen genutzt, die im Russischen sowohl als Aktiv- als auch als Passivformen gelten können:

150 Kiselev/Kiseleva 1987, 31.

„В 1931 году переселились в Иокангу саамы Иокангского зимнего погоста.“ //

Zwei mögliche Übersetzungen: a) „1931 wurden die Samen aus dem Iokanga Winter-*pogost* nach Iokanga [einer in der Nähe neu gegründeten Siedlung, L. A.] umgesiedelt.“ b) „1931 siedelten die Samen aus dem Iokanga Winter-*pogost* nach Iokanga über.“[151]

Dabei wird behauptet, dass alle Umsiedlungen freiwillig geschahen und vom Staat sorgsam finanziert und durchgeführt wurden.[152] Diese Aussagen stehen in direktem Gegensatz zu den Informationen meiner Interviewpartnerinnen. Besonders grotesk wirkt die Aussage, ein schwedischer Schriftsteller namens Hans Andersen habe erzählt, dass in den nordischen Ländern „der Bau von Wasserkraftwerken verhängnisvolle Folgen hat: Die produktivsten Weideflächen werden überflutet.“[153] Es wird zwar nicht verheimlicht, dass auf der russischen Seite ebenfalls Stauseen entstanden – doch wird dies an ganz anderer Stelle erwähnt und euphemistisch, ohne die Darstellung irgendwelcher negativer Konsequenzen formuliert. Ausgestattet mit diesen Informationen kann der aufmerksam Lesende jedoch rasch die nötigen Assoziationen herstellen. Solche Assoziationen sind in diesem Buch die einzige Möglichkeit, der Wahrheit näher zu kommen.

Gäbe es heute eine neue umfassende historiographische Darstellung der russischen Samen, könnte man die Monographie von Kiselev/Kiseleva (1987) getrost übergehen. Dies ist aber leider nicht der Fall, weshalb dieses Buch in vielem immer noch eine wichtige Informationsquelle darstellt. Es scheint deshalb angebracht, die immer wieder anzutreffende innere Widersprüchlichkeit dieses Standardwerks zu erklären. Erscheinungsjahr und -ort sowie der meist offiziöse Stil mit sehr seltener und nur zwischen den Zeilen vorgebrachter Kritik lassen folgende Deutung zu: Zwar hatte 1987 die Perestrojka bereits begonnen. Doch darf man nicht vergessen, wie gross in Russland die Distanzen sind und welch eklatante Unterschiede es zwischen Zentrum und Provinz unterschieden gibt. Diese Monographie wurde von Historikern aus Murmansk verfasst und auch dort gedruckt. Die neuen Ideen aus Moskau brauchten ihre Zeit, um in die Peripherie zu gelangen. Zudem war und ist Murmansk eine Hochburg der ‚Falken‘ – der Militärs, der Geheimdienstler und anderer Vertreter der Staatsgewalt (*siloviki*). Ausser in Form von Andeutungen, die nur einem Leser zugänglich sind, der bereits über Hintergrundwissen zum Thema verfügt, konnten deshalb in einem in Murmansk erschienenen Buch zu diesem noch relativ frühen Zeitpunkt die Früchte der Perestrojka noch nicht zum Vorschein kommen.

Die in Lovozero und Sosnovka geborenen Samen waren als Einzige nicht von Umsiedlungen betroffen. Hingegen wurden mehr als 40 kleinere und grössere Siedlungen aus den genannten Gründen geschlossen. Es soll an dieser Stelle nochmals in Erinnerung gerufen werden, dass die grosse Umsiedlung der Sa-

151 Kiselev/Kiseleva 1987, 31.
152 Vgl. Kiselev/Kiseleva 1987, 30.
153 Kiselev/Kiseleva 1987, 188.

men zwischen den 1930er und 1970er Jahren schätzungsweise 70 bis 80% aller Samen betraf. Alle Siedlungen, in denen heute Samen wohnen, wurden entweder nach 1917 gegründet – z.B. Čudz''javr und Krasnoščel'e – oder unter Einbezug sowjetischer städtebaulicher Vorstellungen komplett umgestaltet;[154] als wichtigstes Beispiel ist hier Lovozero zu nennen, dem sich das folgende Kapitel widmet.

5.4.2. Lovozero und die zentralisierte, expansive Rentierzucht

O: […] Но в час ее смерти мы спрашиваем: „Мама…“. Мы понимали, что вот-вот умрет. „Мама, где мы тебя будем хоронить?“ Надо было спросить. Либо в Апатитах, где я жила в то время, в Кировске жила моя сестра Настя, либо в Ловозеро, поскольку у нас там уже лежал брат один похороненный, там еще родственники и большинство варзинцев. И не получив ни метра жилья, ушли, легли в ловозерскую землю. Потому что система такая гнилая была, что, загнав людей с пяти деревень, не обеспечивали работой по-настоящему, не хватало рабочих мест - это раз. И жильем. У нас вот посмотри, какой прекрасный полдома было [в Варзино]. Пусть полдома, но у нас комната была большая, сенцы, коридор, печка […]. Но когда они переехали в Ловозеро, ни метра жилья не получила наша семья, ни метра. […] И мама моя знаете, с таким гневом сказала, когда спрашивали: „А может быть мы, тебя мама, в Ловозере похороним? Как бы родня там.“ Так мать знаешь, что ответила: „К черту это Ловозеро.“ Такая, в общем, неприязнь ее.
B: И где ее в итоге похоронили?
O: В Апатитах. ((Плачет)) (12) //

A: […] Aber zur Stunde ihres Todes fragten wir sie: „Mutter“, wir wussten, dass sie bald sterben würde, „Mutter, wo sollen wir dich beerdigen?“ Wir mussten das fragen. Entweder in Apatity, wo ich damals lebte, in Kirovsk lebte meine Schwester Nastja, oder in Lovozero, weil dort bereits ein Bruder begraben war, es dort weitere Verwandte gab und dort die Mehrheit der Leute aus Varzino lebte, und ohne einen einzigen Quadratmeter Wohnraum erhalten zu haben, sind diese von uns gegangen und liegen jetzt in der Erde von Lovozero. Weil das System so verrottet war, dass man die Leute aus fünf Dörfern zusammengetrieben hatte und sie nicht mit echter Arbeit versorgt wurden. Es fehlten Arbeitsplätze, das war das eine. Und Wohnungen fehlten. Schau, was für eine wunderschöne Haushälfte wir [in Varzino] hatten. Auch wenn es nur ein halbes Haus war, aber wir hatten ein grosses Zimmer, einen Windfang, einen Flur, einen Ofen. […] Aber als sie nach Lovozero zogen, keinen einzigen Quadratmeter hat unsere Familie bekommen, keinen einzigen. […] Und wissen Sie, meine Mutter hat mit einem solchen Zorn geantwortet als wir sie fragten: „Mutter, vielleicht beerdigen wir dich in Lovozero? Dort liegen unsere Verwandten“, also weisst du, was die Mutter da geantwortet hat? „Zum Teufel mit diesem Lovozero.“ Solch eine Feindseligkeit hatte sie in sich.
I: Und wo haben Sie sie schlussendlich begraben?
A: In Apatity ((weint)) (12).[155]

154 Vgl. Anochin 1963, 276.
155 Interview Afanas'eva, Z. 590-611.

Die Gefühle von Nina Afanas'eva und ihrer Mutter widerspiegeln die traurigen Konsequenzen einer misslungenen Politik gegenüber den Samen, in der versucht wurde, das kleine Volk auf ein ebenso kleines Territorium zu konzentrieren. Nachdem die Samen von den industrialisierten und von den grenznahen Zonen an der Küste der Barentssee entfernt worden waren, lebten sie weitestgehend zentralisiert in einigen wenigen Siedlungen, stets gemischt mit Russen, Komi, Nenzen und anderen. Die mit Abstand grösste derartige Siedlung ist Lovozero, wobei auch in dieser künstlichen ‚Hauptstadt' der Samen diese nur rund 20% der Bevölkerung ausmachen.[156] Die Sowchosen wurden – im Gegensatz zu den Neugründungen der 1920er und 1930er Jahre – nicht ethnisch getrennt geführt. Damit ist auch zu erklären, dass im Leben meiner Interviewpartnerinnen der Konflikt zwischen den Samen und den Komi praktisch keine Rolle mehr spielte. Ende des neunzehnten Jahrhunderts waren es die Komi gewesen, die als Kolonisten in den sich im Laufe der Jahrhunderte eingependelten Lebensrhythmus der Samen eingriffen. Zu Lebzeiten meiner Gesprächspartnerinnen übernahm diese Rolle der sowjetische Staat, und zwar in einem viel gewaltigeren Ausmass. Die Differenzen zwischen Komi und Samen traten dagegen in den Hintergrund.

Ab den 1970er Jahren wich der Schock der Umsiedlungen langsam einem geregelten Leben. Es ist die kurze Zeitspanne von etwas mehr als zehn Jahren, etwa von der Mitte der 1970er Jahre bis zur Perestrojka, die viele Samen aus Lovozero heute als die beste Zeit in Erinnerung haben. Dies zeigen Interviews in der Monographie von Vladimirova (2006) zum Zustand der Rentierzucht heute.[157] Besonders gelobt wird im Vergleich zu heute: Die Hirten waren gutbezahlte Staatsangestellte mit zahlreichen Zulagen für erschwerte Arbeitsbedingungen; in der Tundra wurde ein Netz von Hütten zum Übernachten gebaut; die Versorgung funktionierte bestens dank Flugzeugen, Hubschraubern, *vezdechody* und Schneemobilen, ohne dass die Betriebskosten eine Rolle spielten; es gab ein gut funktionierendes System der Veterinärbetreuung.

---

156 Rantala 1995, 58.

157 Vgl. Vladimirova 2006, 220-222.

Abbildung 10: Samischer Rentierhirte in der Tundra, 1960er Jahre. Im Hintergrund sind die in ihrer Bauweise von den Komi übernommenen Schlitten zu sehen (Privatarchiv von Nina Afanas'eva).

Mit der Konzentration der Rentierzucht in Lovozero kam auch die Umwandlung der beiden Kolchosen (Kollektivbetriebe) in Sowchosen (Staatsbetriebe). Hier zeigen die Sozialanthropologen Konstantinov und Vladimirova in überzeugender Weise auf, dass diese beiden Betriebsformen für die Mitarbeitenden in der Praxis kaum Unterschiede aufwiesen und dass die beiden Begriffe im Alltag bis auf den temporalen Unterschied (vor 1971 Kolchose, danach Sowchose) synonymisch gebraucht wurden und werden.[158] Die Familien durften weiterhin einen Anteil an Rentieren zum privaten Gebrauch innerhalb der gemeinschaftlichen Herde halten, entsprechend den Parzellen zur privaten Nutzung in Ackerbau-Kolchosen. Das ‚Praktische' dabei war, dass, dank der Absenz kontrollierender Organe in der Tundra, Raubtieren zum Opfer gefallene oder einfach nur entlaufene private Rentiere (*ličnye oleni*) relativ einfach durch staatliche (*obščie oleni*) ersetzt werden konnten und so offiziell Bären und Wölfe immer nur staatliche, niemals jedoch private Rentiere angriffen. Dies nennt Konstantinov in zahlreichen seiner Arbeiten mit als Grund, weshalb bis heute die wenigen noch in der Rentierzucht tätigen Menschen für die sowjetischen, risikofreien Zeiten Sehnsucht empfinden, in denen zwar der Gewinn weitgehend dem Staat abgegeben wurde, in denen aber auch jeder Verlust kompensiert wurde. Diese Nostalgie bei gleichzeitig geringem Streben nach Innovation subsumiert Konstantinov

158 Vgl. Konstantinov 2007, 4 f. und Vladimirova 2006, 142.

unter dem Begriff Sowchoismus.[159] Besonders bei Frau Jur'eva, die unter meinen Gesprächspartnerinnen am stärksten von den ,Sonnenseiten' der sowjetischen Samenpolitik profitieren konnte, wird diese Haltung sichtbar:

> В: Ну, и вернемся к советским властям. У вас какое впечатление, что они, власти, они поддерживали ваш образ жизни или вам мешали?
> О: Это при советской-то власти? Нет, мне кажется, они не мешали, они поддерживали, помощь давали, мне кажется. Вот, например, оленей пасли как-то, это, как вам сказать, **стада** при советской власти они были застрахованные. Сельскохозяйственный как- я не знаю что-то выплачивало им, например, называется как- отход. Ну, падёж оленей. Оленьтехник или бригадир пишет акт, акт сдается в контору, эти акты сельскохозяйством посылались в Мурманск, а им за это выплачивали, чтобы не было урона или как называется. А сейчас ничего такого нету. Сейчас все, что добудут, то и заплатят оленеводам-пастухам. У нас была 13-я зарплата. Мясоплан вот, например, выполнили хорошо ((кашель)), очень хорошая 13-я зарплата за мясоплан выплачивали ((кашель)). //

> I: Kehren wir zu den sowjetischen Behörden zurück. Was haben Sie für einen Eindruck, dass sie, die Behörden, Ihre Lebensweise unterstützten, oder störten sie Sie?
> A: Sie meinen zur Sowjetzeit? Nein, mit scheint, dass man uns nicht störte. Sie unterstützten uns, sie gaben uns Hilfe, scheint mir. Zum Beispiel die Rentiere weideten, wie soll ich Ihnen sagen, die Herden, die waren zur Sowjetzeit versichert. Der Landwirtschafts- ich weiss nicht, die zahlten ihnen das aus, wie nennt sich das, Abgang. Ich meine, wenn Rentiere sterben. Der Rentier-Techniker oder der Brigadenführer schreibt ein Protokoll, das Protokoll wird im Büro abgegeben, diese Protokolle wurden durch den Betrieb nach Murmansk geschickt, und dafür bekam man eine Auszahlung, damit es keinen Verlust gab, oder wie man das nennt. Hingegen jetzt gibt es nichts Derartiges. Das, was erarbeitet wird, das zahlen sie auch den Rentierhirten. Wir hatten einen dreizehnten Monatslohn. Der Fleischplan [*mjasoplan*] zum Beispiel, wenn wir den gut erfüllten ((hustet)), gab es einen sehr guten dreizehnten Monatslohn ((hustet)).[160]

Es ist besonders dieser während der Sowjetzeit herrschende stillschweigende Sozialvertrag zwischen Staat und Kolchose-/Sowchosemitarbeitern, die in einem informellen Rahmen innerhalb der Kollektivwirtschaft ihren eigenen Interessen nachgehen konnten, dem heute viele Menschen nachtrauern. Statt einer Opposition ,privat vs. kollektiv' lässt sich gemäss Konstantinov das sowjetische System vielmehr in der Formel ,das Private im Kollektiv' erfassen. Dank dieser Formel konnten die Rentierzüchter eine kleine Menge an Rentieren privat halten, jedoch ohne die Risiken eines Einzelunternehmers tragen zu müssen, da die privaten Tiere sich in der gleichen Herde wie die staatlichen aufhielten; verlorengegangene Rentiere konnten einfach als staatliche abgeschrieben werden. Ausserdem gab es neben diesem institutionalisierten Diebstahl einen stabilen Monatslohn, und den privaten Tätigkeiten konnte in der Tundra nachgegangen werden, ohne dass die Kosten für Transport, Materialien usw. vom Individuum

159 Vgl. Konstantinov 2006, 9-11.
160 Interview Jur'eva, Z. 238-248.

getragen werden mussten. Damals schickte der Staat den Hubschrauber, heute fehlt das Geld für den Betrieb des Schneemobils.[161] Die Risikofreiheit ist heute nicht mehr gewährleistet.[162]

Dennoch gab es, aus objektiver Sicht, auch in dieser ‚goldenen' Zeit zahlreiche Missstände, die eine direkte Folge der Politik der Vergangenheit waren – einer Politik, die das jahrtausendealte Wissen der indigenen Bevölkerung konsequent ignorierte. Paradoxer- und gleichzeitig bezeichnenderweise ist es ausgerechnet Kiseleva (1994), die Co-Autorin der hier bereits mehrmals kritisierten beschönigenden Monographie von Kiselev/Kiseleva (1987), die uns nach dem Ende der Sowjetunion als erste in einer wissenschaftlichen Arbeit von diesen Missständen berichtet. Ab den 1970er Jahren hörten die Rentierbestände auf zu wachsen, die langjährige unbedachte Ressourcennutzung begann ihre Folgen zu zeigen. Gerade die bisher als grosser Fortschritt dargestellte Zentralisierung der samischen Bevölkerung wird von Kiseleva als grösster Missstand dargestellt. Dessen Folge waren: Die meisten *pogosty* waren verlassen worden und die Weideflächen verteilten sich nicht mehr auf die ganze Halbinsel. Dies führte wiederum zu einer Übernutzung einiger weniger Flächen, von der sich die empfindliche subarktische Flora nur sehr langsam erholen kann; die Transportwege aus den wenigen Siedlungen in die Tundra sind lang und teuer; es wurde nur eine stete Steigerung des Rentierbestandes angestrebt, hingegen wurde der Aufbau einer weiterverarbeitenden Industrie für die Rentierrohprodukte vernachlässigt. Dies hätte wertvolle Arbeitsplätze geschaffen. Als massive soziale Probleme werden genannt: Das systematisierte, von der Lebensweise zur reinen beruflichen Beschäftigung mutierte Hirtendasein machte den Beruf unattraktiv, da die Männer entweder ohne Frauen und Kinder für Wochen oder Monate in die Tundra mussten, oder, wenn die Frau mitkam, die Kinder im Internat leben mussten. Gleichzeitig erlernten deshalb die Kinder und Jugendlichen den Beruf des Rentierzüchters nicht mehr von ihren Vätern. Die Rentierzucht war von den Planern nicht als Teil der samischen Kultur und Lebensweise gesehen worden, sondern ausschliesslich als ein Wirtschaftszweig unter anderen.[163] Die Bemühungen um eine Systematisierung der Bildung auch im Bereich der Rentierwirtschaft mündeten in eine wenig praxisbezogene, verschulte Ausbildung zum Rentierhirten, der nun Rentier-Techniker (*olen'technik*) hiess.

Die sozialen Probleme gingen aber noch viel tiefer, und Informationen darüber finden sich in der vorhandenen Literatur meist nur in Form von Randbemerkungen. Den Berichten meiner Interviewpartnerinnen über die unmittelbaren und die späteren Negativfolgen der Politik der Agglomeration soll deshalb das folgende Kapitel gewidmet werden.

161 Vgl. Robinson/Kassam 1998, 77.

162 Vgl. hierzu besonders: Konstantinov 2002, 171; Konstantinov/Vladimirova 2002, 1; Konstantinov/Vladimirova 2006, 124; Konstantinov 2007, 2-7, 14-19; Konstantinov 2006, 3, 10-12.

163 Vgl. Kiseleva 1994, 76 f.

5.4.3. Arbeitslosigkeit, Kriminalität, Alkoholismus und Suizid als Folgen der Umsiedlungen

Wie wir bereits gesehen haben, lobt Anna Jur'eva, die durch die Heirat freiwillig nach Lovozero kam, fast durchweg die sowjetische Politik gegenüber ihrem Volk und zieht eine durchaus positive Bilanz ihres Lebens. Resümierend stellt sie fest:

> O: Например, наша семья, когда уже встали на ноги после войны, мы жили хорошо при советской власти. Хоть и большая семья была, но жили в достатке. **В достатках** жили. Работали. //

> A: Unsere Familie zum Beispiel; nachdem wir uns nach dem Krieg wieder aufgerappelt hatten, lebten wir in der Sowjetzeit gut. Wir waren zwar eine grosse Familie, aber wir lebten gut. **Gut** lebten wir. Wir arbeiteten.[164]

Die Umsiedlungen finden in Frau Jur'evas Erzählungen hingegen kaum Erwähnung. Ihre einzige Aussage zu den Umsiedlungen ist in einen Nebensatz verpackt, als sie über ein ganz anderes Thema – die Ausübung religiöser Traditionen – spricht:

> O: [...] Варзинские жили там. Они потом сюда переехали, я вот не знаю в каком году. И тут посреди тундры, (Лявозеро), сейчас там живет бригада вторая, в (Лявозере) стояла, в березовом лесу стояла часовня. //

> A: [...] Die Leute aus Varzino lebten dort. Sie zogen später hierher zu uns, ich weiss jetzt nicht, in welchem Jahr das war. Und dort, mitten in der Tundra, (Ljavozero), jetzt wohnt dort die zweite Brigade, in (Ljavozero) gab es in einem Birkenwald eine Kapelle.[165]

Wie wir in der Kurzbiographie bereits gesehen haben, war Frau Jur'eva von den Umsiedlungen nicht betroffen. Da man erst ab etwa 1989 langsam begann, in einem öffentlichen Diskurs die negativen Konsequenzen der Umsiedlungen aufzuarbeiten, kann es durchaus sein, dass Frau Jur'eva sich nur sehr wenig mit dem Leid der zahlreichen Zuzügler in Lovozero befasste. Frau Jur'eva ist eine alteingesessene Bewohnerin von Lovozero und stolze Besitzerin eines Einfamilienhauses, das sie am Ende der Sowjetzeit als Neubau beziehen konnte. Sie ist sich vermutlich durchaus bewusst, dass dies ein sehr grosses Privileg war, das nur wenigen zugute kam; insofern könnte das Auslassen der Umsiedlungen in ihrer Erzählung auch Ausdruck einer gewissen Verdrängung sein. Lovozero ist ein Dorf mit einigen wenigen Tausend Einwohnern, die sich alle untereinander mehr oder weniger kennen und die fast alle von der einen Kolchose abhingen. Dass es in dieser Gemeinschaft derart grosse soziale Unterschiede gab, ist für Frau Jur'eva vermutlich eher schwierig zu akzeptieren.

164 Interview Jur'eva, Z. 13-15.

165 Interview Jur'eva, Z. 465-467.

In ganz anderen Farben stellen ihre Lebensbedingungen jene Interviewpartnerinnen dar, die die Zwangsumsiedlungen als Beteiligte miterlebten. Dies ist, ausser bei Frau Jur'eva, bei allen meinen Gesprächspartnerinnen der Fall. Nina Afanas'eva berichtet:

> O: […] У Хрущева была, конечно, идея создания- колхозы это себя как бы изжили. Новая система коллективного хозяйства, форма, такая форма, совхозы, совхозная система. Можно подумать от названия колхоз-совхоз что-то улучшится. Ничего не улучшилось. Еще более того ухудшилось. Пришла негласная безработица. Понимаешь? Необъявленная безработица в том же Ловозере. Потому что перенаселение получилось. Ну, смотрите, закрыли поселок Кильдин, закрыли (   ), закрыли Воронье, закрыли Иоканьгу, закрыли Варзино. Куда людей? Вот все сюда в один мешок ловозерский сунули. А в Ловозере то и сам, и само население-то было. То есть, рабочих мест стало просто не хватать. И не в оленеводстве, нигде. Здесь у нас [в Варзино], когда на побережье, ну, семужные бригады создали, хоть летом люди работали. Зимой на озерах рыбачили. И доход имели. Пусть это все в государство шло, но рабочие места были. Здесь же [в Ловозеро] этого ничего не было. И привело к тому. Да, пошли сильная пьянка, да суицид. У Насти моей [сестры родной] бы спросил, у меня этих данных нет суицид, когда люди сами себя лишали жизни от той же (4) нечеловеческой системы ((плачет)), когда у тебя работы нет, когда у тебя дома нет. Куда деваться? (12) //

> A: […] Chruščev hatte natürlich schon die Idee der Erschaffung- Die Kolchosen hatten sich praktisch überwunden. Ein neues System des kollektiven Betriebes, eine [neue] Form, so eine Form, Sowchosen, das Sowchosensystem. Man könnte ja meinen, wegen der Namensänderung von Kolchose zu Sowchose hätte sich irgend etwas verbessert. Aber nichts hat sich verbessert. Im Gegenteil, es hat sich verschlechtert, die verdeckte Arbeitslosigkeit kam. Verstehst du? Nicht publik gemachte Arbeitslosigkeit in Lovozero. Weil es zu einer Überbevölkerung kam. Schauen Sie, Kil'din wurde geschlossen, (   ) wurde geschlossen, Voron'e wurde geschlossen, Iokanga wurde geschlossen, Varzino wurde geschlossen. Und wohin mit den Leuten? Alles wurde hier in diese eine Lovozero-Tüte gesteckt. Aber Lovozero hatte ja schon eine eigene Bevölkerung. Das heisst, dass es einfach nicht genug Arbeitsplätze gab. Weder in der Rentierzucht, noch sonstwo. Hier bei uns [in Varzino], als an der Küste Lachsbrigaden aufgestellt wurden, arbeiteten die Leute im Sommer. Und im Winter fischten sie in den Seen. Und ein Einkommen hatten sie. Das mag ja auch alles an den Staat geflossen sein, aber es gab Arbeitsplätze. Hier [in Lovozero] hingegen gab es das alles nicht. Und das hat zu entsprechenden Resultaten geführt. Ja, viel Alkoholismus gab's und Suizide. Du solltest mal Nastja [meine Schwester] fragen, ich kenne die Zahlen nicht, als die Menschen sich selbst das Leben nahmen, wegen dem (4) unmenschlichen System ((weint)), wenn du keine Arbeit hast und kein Haus hast. Wie soll man aus dieser Situation wieder rauskommen? (12)[166]

In einem ähnlichen Licht stellt einzig Bol'šakova (2003) – selbst Samin und Zeitzeugin – in einer wissenschaftlichen Publikation die sozialen Folgen der Zwangsumsiedlungen dar, doch sind auch in ihrem Buch diesem Thema nur wenige Seiten gewidmet. Die meisten Zuzügler konnten nicht in bereitstehende

166 Interview Afanas'eva, Z. 689-703.

neue Behausungen ziehen, jeder war auf sich allein gestellt. Viele wohnten jahrelang in engen Verhältnissen entweder bei Verwandten oder in verlassenen Häusern und Scheunen, so auch Anastasija Matrěchinas Familie, über deren Wohnungssuche bereits in der Kurzbiographie berichtet wurde:

> В: А в Гремихе вы где жили? Как вас поселили там?
> О: Сами! Мы, знаете, первое время где останавливались? Был туалет! [...] Одного знакомого мужчину, знаем хорошо, дядя Саша Крещев. И Иван [муж] спрашивает: "Где же мне работу найти и жилье найти?" – "А вот работу легче всего найдешь! Твои руки все сделают! Жилье-то нету. Пойдем, Иван, я знаю домик, квартира была. Так там сделали туалет." [...] Пришли, снег все вычистил, я помогала. [...] Все набрызгал от паразитов, день-два прошло. Там обои были, все оборвал, все перевернул, пол разобрал. Пол почему разобрали, там тоже набрызгали, там тараканы и крысы бегают. Пол сам снова сделал. Стенки все, как тебе, стены все намазал и оклеил. Остался печку поставить. Дымоход вот только как сделать! Стал топиться, все хорошо. Отштукатурили, все сделали. [...] Вот мы там так жили. //
>
> I: In Gremicha, wo lebten Sie da? Wie wurden Sie dort mit Wohnraum versorgt?
> A: Wir machten alles selber! Wissen Sie, wo wir uns in der ersten Zeit niederliessen? Das war eine Toilette gewesen. Wir hatten einen guten Bekannten, Onkel Saša Kreščev. Und Ivan [mein Mann] fragt ihn: „Wo soll ich denn hier Arbeit und ein Haus finden?" – „Eine Arbeit zu finden, das ist noch am einfachsten! Mit deinen Händen schaffst du alles! Aber Wohnraum gibt's keinen. Komm, Ivan, ich kenne ein kleines Haus, das wurde früher bewohnt. Jetzt wird es aber als WC benutzt." [...] Da sind wir gekommen, er hat den ganzen Schnee weggeputzt, ich half ihm dabei. [...] Dann besprühte er alles gegen die Parasiten, ein oder zwei Tage vergingen. Es gab dort Tapeten, die riss er alle runter, alles stellte er auf den Kopf, und den Boden nahm er auseinander. Warum tat er das, weil dort auch alles besprüht wurde, dort liefen Kakerlaken und Ratten herum. Den Boden machte er selber neu. Und die Wände tapezierte er. Dann musste man nur noch einen Ofen hinstellen. Und einen Kamin zu bauen, das war recht schwer! Dann wurde geheizt, alles war gut. Alles wurde verputzt, alles war gemacht. [...] Und so lebten wir dann dort.[167]

Es gab auch privilegiertere Menschen, die ihre versprochenen Wohnungen tatsächlich beziehen konnten:

> О: [...] В Ловозере начался, ну как бы начался новый круг. А где жить? Потому что обманули людей ск- самым страшным образом. Коммунисты, которые у власти стояли, обманули. Что там приедете и работа будет и жилье будет, а вот получили. По-русски говоря, два вперед, четыре назад. Вместо жилья [...]. Обманули, привезли. Да, кто-то получил жилье, ну председатель колхоза. Как же председатель колхоза, как же жилье не дать. Как же не дать, бухгалтер работал в колхозе. Это уважаемые люди. Бухгалтер получила квартиру. Председатель получил квартиру. А остальные-то вынуждены были скитаться опять по чужим углам, жить у родственников. И кто-то пустит еще, а кто-то и не пустит. А мы были- у нас тогда в Ловозере жила тетка Анна. [...] Был дом. Так вот в этот дом заселилось можно так сказать две семьи. [...] А куда моим

167 Interview Matrěchina, Z. 140-174.

братьям заселяться, у них уже места нет. А других родственников у нас там не было. Так вот Дмитрий [родной брат] работал опять-таки с лошадьми [как в Варзино]. И он бездомный, в то время, так сказать. […] Вот бездомный, вот в то время скажите-ка слово в советское время, что Дмитрий Елисеевич, мой брат был бездомным. А он **был** бездомным. И он работал, спал на той конюшне вместе со своими лошадьми. За что маме было любить эту деревню Ловозеро? […] И так мои братья умерли, ушли в землю, не получив ни метра жилья. //

A: […] In Lovozero begann, nun ja, gewissermassen begann da ein neuer Kreis. Wo sollten wir leben? Denn die Leute wurden auf schlimmste Art betrogen. Die Kommunisten, die an der Macht waren, haben uns betrogen. Dass wir dann kommen und es Arbeit geben wird und Wohnungen […]. Sie haben uns hergebracht und betrogen. Ja, ein paar Leute haben Wohnungen bekommen, na ja, der Vorsitzende der Kolchose, das ist ja der Kolchose-Vorsitzende, wie soll man dem keine Wohnung geben! Und die Buchhalterin, der kann man doch nicht einfach keine Wohnung geben! Das sind angesehene Menschen! Die Buchhalterin hat eine Wohnung bekommen. Der Vorsitzende hat eine Wohnung bekommen. Und die anderen waren wieder gezwungen, bei fremden Leuten zu wohnen, bei Verwandten. Der eine lässt dich rein, der andere nicht. Wir waren- Wir hatten damals eine Tante Anna in Lovozero. […] Sie hatte ein Haus. Ja, und in diesem Haus lebten nun sozusagen zwei Familien. […] Aber wo sollten meine Brüder hin? Für die gab's keinen Platz mehr. Und weitere Verwandte hatten wir dort nicht. Ja, und [mein Bruder] Dmitrij arbeitete wieder mit Pferden [wie auch schon in Varzino], und er war obdachlos, zu jener Zeit sozusagen. […] Ja, obdachlos, damals, zur sowjetischen Zeit, machen Sie da mal den Mund auf und sagen, dass Dmitrij Eliseevič, mein Bruder, obdachlos ist! Aber er **war** obdachlos! Er arbeitete und schlief in jenem Pferdegehöft bei seinen Pferden. Und wofür hätte Mutter dieses Dorf Lovozero lieben sollen? […] Und so sind meine Brüder gestorben. Das Zeitliche hat sie gesegnet, ohne dass sie auch nur einen Quadratmeter Wohnraum bekommen hätten.[168]

Die Obdachlosigkeit muss man sich zu jener Zeit nicht als ein Auf-der-Strasse-Leben vorstellen, doch die Menschen mussten in sehr beengten Verhältnissen bei Freunden, Verwandten oder, wie Nina Afanas'evas Bruder Dmitrij, in improvisierten Behausungen wohnen. Dies war ein entwürdigender Zustand. Hinzu kam die faktische Arbeitslosigkeit vieler Menschen:

В: А вот, ну, много людей приезжало в Ловозеро, в том числе ваш брат. Безработица, по сути, работать нигде не устроиться.
О: Ну, я не могу сказать- была создана другая система для тех, кто без работы. Для таких, как мой брат Дмитрий Елисеевич. Такой как мой брат Вячеслав Елисеевич. […] И для таких подобных же в Ловозеро, у которых не было работы, была создана в Советском Союзе система лечебно-трудовых лагерей, ЛТП. Лечебно-трудовой профилактический лагерь. Вот как, лечебно-трудовой профилакторий, не лагерь […].
В: А что это собой представляло?
О: А это, значит, здесь даже план был у наших, милиционерам было над чем работать, кого заслать, кого отправить в эти трудовые профилактические,

168 Interview Afanas'eva, Z. 625-667.

профилактории. Это бесплатная рабочая сила была, которая использовалась в системе большого государства. И люди работали. Раз там, в деревне не было ( ) места- у брата там было койка-место. Он спал. Да, их гоняли куда-то работать. В Апатитах строился- в Апатитах этот лагерь находился. Профилакторий, трудовой профилакторий.
В: Но это не считалось наказанием, то есть, не за что-то именно наказывали?
О: Нет, это считалось наказанием. За то, что он не хочет работать, якобы.
В: То есть, ему место работы не дали и стали обвинять в тунеядстве?
О: Да, тунеядство. Служба тунеядства тогда существовала. Но слова не было безработный, тунеядство было. Потому что-
В: Потому что безработицы не было.
О: Не было, в Советском Союзе не было объявлено о безработных, но тунеядцы, они были. И чтобы человек не жил в туне, и не блаженствовал, отдыхая от какой-то работы или от чего-то, их отправляли в эти лагеря. В эти профилактории. [...] Мой брат начал- по-моему, три раза он сидел. Там на три года сажали. Сидит, выйдет, опять приехал в то же Ловозеро. А куда ехать, в то же Ловозеро едет. Опять поболтался=поболтался, какое-то время дают ему трудоустройство, а он не может трудоустроиться. Милиция. А пьет еще к тому же. Пьяного, ах ты такой сякой тунеядец! //

I: Viele Menschen kamen ja nach Lovozero, unter ihnen auch Ihr Bruder. Es gab Arbeitslosigkeit, und es war fast unmöglich, irgendwo einen Job zu finden.
A: Nun, ich kann nicht sagen- Es wurde ein anderes System erschaffen für jene, die ohne Arbeit waren. Für solche, wie mein Bruder Dmitrij Eliseevič, für solche, wie mein Bruder Vjačeslav Eliseevič. Und für andere derartige Leute in Lovozero, die keine Arbeit hatten, wurde in der Sowjetunion das System der therapeutisch-profilaktischen Arbeitslager, LTP, geschaffen. Therapeutisch-profilaktisches Arbeitslager. Ah, genau, arbeitstherapeutisches Profilaktorium, nicht Lager [*lečebno-trudovoj profilaktorij*] [...].
I: Und wie sah so etwas aus?
A: Also hier bei uns gab es sogar einen Plan, die Polizisten hatten genug Arbeit damit, wen sie fortzuschaffen, wen sie in diese Arbeits-Profilaktorien zu schicken hatten. Das waren kostenlose Arbeitskräfte, die im System des grossen Staates verwendet wurden. Und die Leute arbeiteten. Wenn er dort, im Dorf, keinen ( ) Platz hatte- Mein Bruder hatte dort einen Ort zum Schlafen. Dort schlief er. Ja, sie wurden irgendwohin zur Arbeit getrieben. In Apatity baute man- In Apatity befand sich dieses Lager, dieses Profilaktorium, dieses Arbeits-Profilaktorium.
I: Aber das galt nicht als Bestrafung? Ich meine, man wurde dort nicht für etwas Konkretes bestraft?
A: Doch, das galt als Strafe. Dafür, dass er nicht arbeiten will, angeblich.
I: Das heisst, er erhielt keine Stelle und wurde dafür des Schmarotzertums [*tunejadstvo*] beschuldigt?
A: Ja, Schmarotzertum. Damals gab es den Schmarotzertum-Dienst. Das Wort arbeitslos gab es nicht, es gab nur Schmarotzertum. Weil-
I: Weil es [angeblich] keine Arbeitslosigkeit gab.
A: Ja, die gab's nicht, in der Sowjetunion wurde über Arbeitslose nichts bekannt, aber es gab Schmarotzer, die gab's. Und damit ein Mensch nicht als Nichtstuer lebte, damit er nicht einfach das Leben genoss, indem er sich von irgendeiner Arbeit ausruhte oder so, wurde man in diese Lager geschickt. In diese Profilaktorien. Als mein Bruder anfing-, ich glaube, dreimal war er dort. Für jeweils drei Jahre wurde

man dorthin geschickt. Da sass er ein, kam raus und zurück nach Lovozero. Wo soll er sonst hin, also fährt er zurück nach Lovozero. Wieder lungert er herum, eine Zeitlang versucht man ihm eine Arbeit zu vermitteln, aber er kann keine Stelle finden. Und wieder kommt die Polizei. Und dazu trinkt er auch noch. Ein Trinker, du bist uns ja ein Schmarotzer![169]

Arbeitslosigkeit war in der Sowjetunion ein Tabu-Thema. Sie wurde als soziales Problem nicht thematisiert und galt als inexistent. Nina Afanas'evas Erzählung vermittelt hier ein ganz anderes Bild. Der Teufelskreis, in den die Menschen gerieten, wenn sie einmal im sogenannten Profilaktorium gewesen waren, liegt auf der Hand: Sie wurden unvermittelbar, kaum ein Arbeitgeber wollte sie haben. Der gewaltsamen Entwurzelung durch die Umsiedlungen folgte für einige Menschen eine weitere Entsozialisierung durch diesen Umgang des Staates mit Arbeitslosigkeit. Durch die Kriminalisierung der Arbeitslosen konnte der Staat zudem seiner langen Tradition von Zwangsarbeit treu bleiben.

Gerade weil das Thema Arbeitslosigkeit tabuisiert war, befassten sich gut in die Arbeitswelt integrierte Menschen kaum damit. Die staatlich organisierte soziale Marginalisierung und Kriminalisierung der Betroffenen – dies waren meist Umgesiedelte – zeigte auch bei Frau Jur'eva – einer nicht umgesiedelten Person – ihre Wirkung:

O: Ну, была работа. А сейчас что народ живет. Сейчас работы нету! Какие-то бичевские, я называю их лентяйские деньги плотят. Это разве- А при советской власти только **лодырь** не работал, **везде** можно было устроиться и работать. Все время можно было хлеб кушать, а сейчас что народ живет. Сейчас вот у нас здесь в поселке очень много, как их называют, бичи или тунеянцы ((sic!)) или как. //

A: Es gab Arbeit. Jetzt hingegen, wie soll das Volk leben? Jetzt gibt's keine Arbeit! Penner-Löhne, so nenn‘ ich das, werden bezahlt. Hingegen in der Sowjetzeit arbeiteten nur **Faulenzer** nicht, **überall** konnte man eine Stelle finden und arbeiten. Überall gab's genug Brot zu essen, jetzt hingegen wie sollen die Menschen leben? Jetzt gibt's hier bei uns im Dorf sehr viele, wie nennt man sie, Penner oder Schmarotzer oder wie.[170]

Eine traurige Folge der faktischen Arbeits- und Obdachlosigkeit vieler Menschen, überhaupt der gewaltsamen Entwurzelung, waren häufige Fälle von Alkoholismus und zahlreiche Selbstmorde. Bol'šakova (2003) führt, leider ohne Angabe der Quellen, folgende Zahlen an: Unter der Samen gibt es 2,7 mal mehr Fälle von Alkoholismus als im Gesamtdurchschnitt der Region Murmansk; die Hälfte aller Todesfälle geht auf Alkoholismus zurück (diese Angabe bezieht sich vermutlich nur auf Männer); die Hälfte aller samischen Männer unter 40 Jahren hat keine Familie gegründet; unter den Menschen, die aus Varzino umgesiedelt worden waren, gab es in jeder dritten Familie mindestens einen Suizid zu beklagen. Als indirekte Folge des Alkoholismus oder ihrer Freiheitsstrafen wegen

169 Interview Afanas'eva, Z. 739-772.
170 Interview Jur'eva, Z. 161-165.

‚Schmarotzertums' wurden vielen Eltern die Elternrechte entzogen und die Kinder in Internate geschickt. Nach der Schulzeit waren viele dieser Kinder völlig auf sich gestellt und hatten wenig Perspektiven, und daraus entstand eine weitere Generation von Alkoholikern, Kriminellen und Selbstmördern.[171]

5.4.4. Das Bildungswesen

5.4.4.1. Sprache

> "Native language is an important ethnic marker, closely tied to an individual's ethnic self-concept, yet also distinct from it. For most people, the change of native language is a fundamental, though not definitive, indication of change in ethnic self-concept, fairly easily followed by ethnic re-identification."[172]

Nach Jahren der Vorbereitung wurden 1933 für die sowjetischen Samen ein Alphabet mit 38 Zeichen auf der Grundlage des lateinischen Alphabets sowie ein Wörterbuch entwickelt. Doch anscheinend stiess dieser Kodifizierungsversuch auf wenig Anklang, da er die Erstellung einer synthetischen Sprache anpeilte, die aus einer Mischung der verschiedenen auf der Kola-Halbinsel gesprochenen Dialekte hervorgehen sollte. Diese Dialekte unterscheiden sich jedoch aufgrund der grossen Distanzen zwischen den einzelnen Gemeinschaften untereinander derart stark, dass sich Samen aus verschiedenen Regionen oft nicht miteinander verständigen können. 1937 kam ein samisches Wörterbuch auf der Grundlage des kyrillischen Alphabets heraus, dem jedoch ebenfalls kein Erfolg beschieden war, da just in diesem Jahr der NKVD auch unter den Samen zu wüten begann. Das samische Wörterbuch wurde bei der konstruierten samischen nationalistischen Verschwörung, von der bereits im Kapitel *Repressionen und Terror unter Stalin* (Kap. 5.2) die Rede war, als Beweismittel für konterrevolutionäre Propaganda genutzt, worauf der Verfasser A. G. Ėndjukovskij sowie zahlreiche weitere ‚Separatisten' hingerichtet wurden und auch mit dem Unterricht in samischer Sprache für lange Zeit Schluss war.[173]

Gemäss der offiziellen sowjetischen Darstellung war es auch ein Problem, dass das lateinische Alphabet von den Schulkindern schlecht aufgenommen wurde. Ohne von der ‚samischen Verschwörung' zu sprechen, teilen die Autoren mit, die Lehrer hätten sich davon überzeugt, dass der Unterricht mit den Samen in russischer Sprache erfolgreicher sei. Zudem sei der Krieg daran schuld gewesen, dass die Bemühungen um eine Kodifizierung des Samischen im Sande versickerten.[174]

Seither ist die samische Sprache fast ausschliesslich in den familiären Bereich verbannt. Für die Kinder war klar, dass der Weg zu einer guten Ausbildung nur über die russische Sprache führen konnte, und bis heute ist für immer

171 Vgl. Bol'šakova 2003, 69 f., 82.
172 Anderson/Silver 1989, 614.
173 Vgl. Bol'šakova 2005, 173-176.
174 Vgl. Kiselev/Kiseleva 1987, 94.

weniger Menschen das Samische die Muttersprache. Wie die Situation der samisch-russischen Diglossie im Alltag gehandhabt wurde, soll nun anhand einiger Zitate meiner Interviewpartnerinnen erörtert werden.

Frau Matrěchina erzählt:

> O: В Гремихе уже обзывали [детей]. Лопари! Лопари! Лопари! Дети мои лопарский язык не понимали [отвечающая перепутала, имеется в виду русский язык] . Приехали мы в 58-ом году, они маленькие еще были, ничего не понимали.
> В: А у вас уже дети были?
> О: В 58-ом году у меня дочка пошла учиться.
> В: А в школе наказывали, если в школе по-саамски разговаривали?
> О: Нет, но он не нужен стал, и так и саамский язык бросили. Никто не стал разговаривать. Мы дома, знаешь, разговариваем. А меня так Валентина Яковлевна- моя двоюродная сестра учительница была. И мы если дома разговаривали, она говорит „не приучай их по-саамски разговаривать! Там смеются. Они язык путают.“ […]
> В: То есть, вы считали, что для ваших детей лучше будет, если они не будут говорить по-саамски. У них меньше проблем, может, будет.
> О: Ничего, я не против. Лучше бы учились. Попробуй, раз поругают учителя. […] Ну, куда, надо уж бросать. Потом не стали. Повзрослей стали, все забыли. //
>
> A: In Gremicha wurden sie [meine Kinder] schon beschimpft. Lappen! Lappen! Lappen! Meine Kinder verstanden kein Lappisch [die Gesprächspartnerin hat sich hier versprochen; gemeint ist Russisch]. Wir kamen 1958 [nach Gremicha], sie waren noch klein und verstanden nichts.
> I: Sie hatten damals schon Kinder?
> A: Ja, ‘58 kam meine Tochter in die Schule.
> I: Und wurde man in der Schule bestraft, wenn man dort Samisch sprach?
> A: Nein, aber die samische Sprache wurde unnötig, da man sie aufgegeben hatte. Niemand sprach mehr Samisch. Weisst du, zuhause sprachen wir Samisch. Aber dann hat mich meine Cousine Valentina Jakovlevna, die Lehrerin war- Wenn wir zu Hause [Samisch] sprachen, sagte sie: „Gewöhne sie nicht daran, samisch zu sprechen! Dort [in der Schule] werden sie ausgelacht. Sie bringen die Sprachen durcheinander.“ […]
> I: Das heisst, die fanden, dass es für Ihre Kinder besser ist, wenn sie kein Samisch sprechen würden. Dass sie dann weniger Probleme haben werden, vielleicht.
> A: Also mir hätte es nichts ausgemacht. Es wäre besser gewesen, wenn sie es gelernt hätten. Aber versuch’s mal, wenn dich die Lehrer tadeln. […] Was soll man schon tun? Wir mussten die Sprache aufgeben. Und später nahmen wir sie nicht wieder auf. [Meine Kinder] wurden erwachsen und haben alles vergessen.[175]

Bei Frau Afanas’eva und Frau Jur’eva war die Situation ähnlich, doch aus Gründen, auf die weiter unten noch genauer eingegangen wird, vermochten sie es trotzdem, das Samische zu bewahren und es ihren Kindern zu vermitteln.

175 Interview Matrěchina, Z. 119-127, 200-204.

Frau Afanas'eva erzählt:

O: Да, то есть, у нас саамский язык был постоянно в общении.
B: Он не терялся?
O: Нет. И опять-таки никому не поверю, что кто-то мог сказать, запретить говорить на родном языке, это твое искрен- исти-, твое личное, хочешь – ты его сохраняешь. Не хочешь – ты, конечно, отвернешься как от чего-то поганого. Язык – это твое достояние, твоя культура. Как можно от него отвернуться? И я приезжала [из Ленинграда] в деревню, у нас мы только по-саамски общались. И с мамой, и с тетями, и с дядями и со всеми и конечно между собой могли и по-саамски говорить и могли по-русски. То есть у нас оба языка в ходе были, в ходу были. //

A: Ja, also bei uns war die samische Sprache Teil des täglichen Umgangs.
I: Ging sie nicht verloren?
A: Nein. Und ich glaube keinem, dass irgend jemand sagen, verbieten konnte, in der Muttersprache zu sprechen, das ist dein ureig-, wahr-, deine persönliche Sache. Wenn du es willst, wirst du sie bewahren. Wenn du es nicht willst, kehrst du dich von ihr ab wie von etwas Schmutzigem. Die Sprache, das ist dein Eigentum, deine Kultur. Wie kann man sich von ihr abkehren? Und wenn ich [aus Leningrad] ins Dorf fuhr, sprachen wir nur samisch. Mit der Mutter, mit den Tanten, mit den Onkeln, mit allen, und natürlich konnten wir untereinander sowohl samisch als auch russisch sprechen. Das heisst, bei uns waren beide Sprachen im Umlauf.[176]

Auch Frau Jur'eva behielt die samische Sprache in ihrer Familie:

B: Вернемся к саамскому языку. Ваши дети – они все говорят по-саамски, но говорили ли они в школе по-саамски или только в семье?
O: Меж собой-то ясно говорили, меж собой там. Девочки-то, да мальчики-то меж собой тоже говорили по-саамски. Чтобы учительница только не видела, посекретничать-то надо. ((смех))
B: То есть что, когда вы маленькая были, когда ваши дети в школу ходили, всегда было такое, что саамский язык запрещали или хотели-, пытались запретить.
O: Пытались, пытались, чтобы не было саамского языка.
B: И детей ваших или вас наказывали каким-то образом, если обнаруживали?
O: Ну как обнаруживали, их- я даже и не знаю, они мне никогда не жаловались, чтобы их наказывали. [...] все время с мужем в тундре [...] Они жили самостоятельно уже, сами отдельно. ((кашель)) Мы с мужем уезжали их оставляли одних жить в квартире. Так меж собой они вот разговаривали по-саамски, кто им запретит. Кто им запретит по-саамски говорить меж собой. Приедем, тоже по-саамски говорим. //

I: Kehren wir zur samischen Sprache zurück. Ihre Kinder können ja alle Samisch. Aber sprachen sie in der Schule samisch oder nur in der Familie?
A: Untereinander sprachen sie samisch, klar. Die Mädchen untereinander, die Jungen untereinander, klar. Hauptsache, die Lehrerin sah's nicht, ein bisschen Geheimnistuerei musste ja sein ((lacht)).

176 Interview Afanas'eva, Z. 1472-1480.

> I: Das heisst, sowohl als Sie klein waren, als auch als Ihre Kinder zur Schule gingen, war es immer so, dass man verbot oder versuchte zu verbieten, Samisch zu sprechen?
> A: Ja, sie versuchten es, sie versuchten, dass es keine samische Sprache gab.
> I: Und wurden Sie oder Ihre Kinder auf irgendeine Art bestraft, wenn es bemerkt wurde?
> A: Nun ja, wenn sie es bemerkten, dann- ich weiss gar nicht, sie [meine Kinder] beklagten sich nie darüber, dass sie bestraft würden. [...] Mein Mann und ich fuhren immer in die Tundra, und sie [meine Kinder] lebten schon selbständig. ((hustet)) Mein Mann und ich fuhren weg, und wir liessen sie allein zu Hause. Untereinander sprachen sie dann samisch, wer sollte es ihnen schon verbieten? Wer sollte ihnen schon verbieten, untereinander samisch zu sprechen? Und wenn wir zurückkamen, sprachen wir ebenfalls samisch.[177]

Heute sprechen die Kinder von Nina Afanas'eva und Anna Jur'eva alle Samisch, während Anastasija Matrěchinas Kinder die Sprache nicht mehr beherrschen. Frau Matrěchina bedauert dies zwar, doch sie schiebt die ganze Schuld dafür der Lehrerschaft in die Schuhe.

Dem widerspricht Frau Afanas'eva in heftigster Weise, wenn sie meint, dass es eine reine Willenssache war, ob man die Sprache innerhalb der Familie beibehielt oder nicht. Jede Familie trug selbst die Verantwortung dafür, welche Sprache sie zu Hause gebrauchte. Im bewusst multiethnischen sowjetischen Staat gab es kein Verbot der samischen Sprache, diesbezügliche offizielle Sanktionen gab es nicht.

Das ‚Wissen' der Lehrerschaft über die angeblichen Nachteile von Zweisprachigkeit wurde jedoch durch Überzeugungsarbeit in die Familien getragen, wobei einige empfänglicher und andere weniger empfänglich dafür waren. Die sprachliche Umgebung der Eltern am Arbeitsplatz hatte sicher auch einen Einfluss. So kam bei Frau Matrěchina zusätzlich zu den ermahnenden Worten der verwandten Lehrerin hinzu, dass sie in einer mehrheitlich von russischen Militärangehörigen bewohnten Siedlung lebte und sowohl sie als auch ihr Mann bei der Arbeit nur russisch sprachen. Das Samische hatte somit auch in ihrem Alltag, nicht nur in jenem ihrer Kinder, nur noch wenig Platz. Die starke Assimilierung war zudem eine mehr oder weniger persönliche Wahl des Ehepaars Matrěchin gewesen, wie wir bereits im Kapitel *Die Immigration der Komi und Nenzen* (Kap. 3.4.) gesehen haben. Im Gegensatz zu ihrem Vater zog es Anastasija Matrěchina bewusst vor, in Gremicha in einer rein russischen Umgebung zu leben, anstatt in das multiethnische Gemisch von Lovozero zu ziehen. Es gab bei den Matrěchins kein ausgeprägtes Traditionsbewusstsein, aus dem eine Motivation hätte entstehen können, zu Hause das Samische zu forcieren.

Bei Frau Jur'eva war die Situation anders. Sie lebte in Lovozero und arbeitete in der Kolchose gemeinsam mit vielen anderen Samen, so dass sie und ihr Mann bei der Arbeit oft samisch sprachen. Gleichzeitig wurde in der Kolchose auch oft das Russische verwendet, um mit den Komi und den russischen Mitar-

177 Interview Jur'eva, Z. 271-286.

beitern zu kommunizieren. Frau Jur'eva und ihr Mann sahen deshalb an sich selbst, dass Zweisprachigkeit im Alltag unproblematisch ist und waren es deshalb gewohnt, auch zu Hause samisch zu sprechen. Zudem versuchte die Lehrerschaft in Lovozero nicht so hartnäckig, auch ausserhalb der Schule gegen die Zweisprachigkeit zu agitieren, weil sie sich selbst in Lovozero einem bedeutenden samischen Bevölkerungsanteil gegenübergestellt sah.

Interessanterweise hat Frau Afanas'eva, die ansonsten schärfste Kritikerin des sowjetischen Systems, an der Handhabung der Sprachen in der Schule eher wenig auszusetzen. Im Gegenteil, sie lobt das Bildungswesen als einzigen echten Fortschritt der Sowjetzeit – dies ist verständlich, weil sie von allen Gesprächspartnerinnen am meisten davon profitieren konnte und eine universitäre Ausbildung in Leningrad erhielt. Dabei lobt sie gerade den Russischunterricht als besondere Leistung der Lehrer:

> O: […] Даже учителя начальной школы, я так им благодарна и так им сегодня сочувствую. Сколько надо было приложить усилий, чтобы научить говорить по-русски не говорящего человека. Мало того научить говорить, научить еще писать и грамотно писали, что это правило учили, а учить их ох как неохота. //
>
> A: […] Sogar die Primarlehrer, ich bin ihnen heute so dankbar, und ich habe heute solches Mitgefühl mit ihnen. Wieviel Mühe mussten sie aufwenden, um einem nicht russisch sprechenden Menschen das Russische beizubringen. Nicht nur das Sprechen, sondern auch das Schreiben, so dass sie korrekt schreiben, so dass sie die Regeln lernen, und lernen, darauf hatten wir ja so keine Lust.[178]

Demgegenüber kritisiert Frau Jur'eva, die ansonsten sehr zufrieden mit der Sowjetzeit ist, die Sprachenpolitik an den Schulen schärfer als die anderen Gesprächspartnerinnen:

> B: […] Были ли периоды когда, и где вам и саамскому народу лучше жилось, когда хуже?
> O: А мне кажется, все было одинаково при советской власти. Все одинаково было, никакого различения не было, что ты русский или саами. Работали, платили все одинаково. Никакого отличания не было. Чтобы, например, ты – лопарь, так не работай или что ли. Вот это в **школе** было дурость, учителя были, запрещали говорить, а больше так никто не запрещал говорить по-саамски. Никто. Только это в школе дурели тут у нас. А никакой разницы не было между саамами там, карелами, ижемцами, это я так, например, не ощущала, ничего не слышала. Все относились как обычно к людям, как все мы. //
>
> I: […] Gab es Perioden, als Sie und das samische Volk besser lebten, und solche, als Sie schlechter lebten?
> A: Also ich finde, in der Sowjetzeit war es immer gleich. Alles war gleich, es gab überhaupt keinen Unterschied, ob du Russe oder Same warst. Die Menschen arbeiteten und erhielten gleiches Geld dafür. Es gab überhaupt keinen Unterschied. Zum Beispiel, du bist ein Lappe, also arbeite nicht, oder so, [so etwas gab es nicht]. Nur in der **Schule**, das war eine Dummheit, es gab Lehrer, die verboten, samisch zu

178 Interview Afanas'eva, Z. 1211-1215.

sprechen. Aber sonst verbot uns eigentlich niemand, samisch zu sprechen. Niemand. Nur in der Schule haben die bei uns gesponnen. Aber sonst gab es überhaupt keinen Unterschied zwischen Samen, Kareliern, Komi. Sowas habe ich zum Beispiel nicht gespürt und auch nichts darüber gehört. Alle verhielten sich zu den Leuten wie immer, wie wir alle.

Da Frau Jur'eva ein ruhiges Leben führen konnte, in dem sie insgesamt recht gut die samischen Traditionen bewahren konnte, hat sie auch eine gute Meinung über den sowjetischen Staat. Der einzige Dorn im Auge war ihr die Schule, weil dort versucht wurde, ihre Kinder vom Sprechen des Samischen abzuhalten. Dies war der einzige Punkt, an dem der sowjetische Staat Frau Jur'evas ansonsten relativ unbehelligte samische Lebensweise auf unerwünschte Weise zu verändern versuchte.

Frau Afanas'eva hingegen rügt das Bildungswesen aus den bereits genannten Gründen eher weniger. Mehrmals im Interview legt sie auch Wert darauf, dass es keinerlei Diskriminierungen für samische Schüler gab:

В: А вот, ну дети вас дразнили. Учителя – они вас в чем-то ущемляли? Вот саамских детей по сравнению с русскими.
О: Нет и никогда. Я знаю, что я просто- Никого не ущемляли. Человек, который хочет знания получить, будь то он русский, хоть ты из Голландии приехал, немца любого возьми. Если он лодырь, то он и в Африке – лодырь. […] То есть, притеснений никаких не было. //

I: Die Kinder also neckten Sie. Und die Lehrer? Haben die Sie irgendwie benachteiligt?
A: Nein, niemals. Ich weiss, dass ich einfach- Niemand wurde benachteiligt. Ein Mensch, der sich Wissen aneignen will, egal ob er Russe ist, oder ob du aus Holland kommst oder ein Deutscher bist. Wenn er ein Faulenzer ist, dann ist er auch in Afrika ein Faulenzer. […] Also es gab überhaupt keine Benachteiligungen.[179]

Ausser durch die positiven persönlichen Erfahrungen sind diese Aussagen sicher auch dadurch begründet, dass Frau Afanas'eva selbst Lehrerin wurde. Sie wurde damit selbst Teil des Systems, das die samische Sprache nicht förderte, und sie hätte als Lehrerin dieses System beim besten Willen auch kaum ändern können.

Erstmals seit 1937 wurde 1976 in der Internatsschule von Lovozero wieder Samisch als Fakultativfach unterrichtet.[180] Von Kiselev/Kiseleva (1987) wird dies übrigens als Wohltat des stets fürsorglichen Staates gelobt:

„Советское государство постоянно заботится, чтобы саамы сохранили свои традиции, национальную культуру и прикладное искусство, не утратили свой язык. Вот почему в Ловозерском районе началось преподавание саамского языка в школах.“ //

179 Interview Afanas'eva, Z. 1163-1170.
180 Vgl. Bol'šakova 2005, 177.

„Der sowjetische Staat sorgt sich ständig darum, dass die Samen ihre Traditionen, ihre nationale Kultur und das Kunsthandwerk bewahren und nicht ihre Sprache verlieren. Deshalb hat man im Bezirk Lovozero begonnen, Samisch zu unterrichten.“[181]

Der Unterricht anderer Fächer auf Samisch wurde hingegen bis heute nie aufgenommen.

Abbildung 11: Klassenzimmer für Samisch-Unterricht im Internat in Lovozero im Jahre 1998 (Privatarchiv von Nina Afanas'eva).

Trotz des wiedererstarkten ethnischen Bewusstseins muss sich heute gerade die junge Generation damit abfinden, sich als Same zu fühlen, ohne die samische Sprache zu beherrschen, oder diese praktisch als Fremdsprache mit wenigen Wochenstunden zu lernen. Leider gibt es keine Erhebungen darüber, wie viele der jungen Ureinwohner der Kola-Halbinsel sich heute eher als Samen oder als Russen fühlen. In der Literatur gibt es zahlreiche verschiedene Standpunkte darüber, ob eine selbständige samische Kultur und Ethnie überhaupt überlebensfähig wären, falls die samische Sprache gänzlich verschwinden würde. Diese Ungewissheit kann letztlich auch das am Anfang dieses Kapitels angeführte Zitat nicht beseitigen.

181 Kiselev/Kiseleva 1987, 41.

5.4.4.2. Internate

Eine Besonderheit des sowjetischen – und auch heutigen – Bildungswesens sind die Internate für Kinder von Eltern, die in der Rentierzucht beschäftigt sind oder sehr abgelegen wohnen. Genauso wie auch in anderen subpolaren Gebieten des Landes, wurden auch auf der Kola-Halbinsel mehrere solcher Internate eingerichtet.

Im Vorwort wurde bereits erwähnt, dass die vorhandene Literatur zu den Samen der Sowjetunion oft eine stark pro- oder contra-sowjetische Position bezieht, die zuweilen nicht der Realität des Alltags gerecht wird. Der prosowjetische Standpunkt wurde bereits zur Genüge anhand der Publikation von Kiselev/Kiseleva (1987) aufgezeigt. Gerade zu den Internaten äussert sich hingegen Sarv (1996) äusserst negativ, mit Aussagen, die von keiner meiner Interviewpartnerinnen bestätigt werden konnten. Es sollen im Folgenden einige dieser Aussagen mit Interviewausschnitten kontrastiert werden.

> „The teachers were bent on acculturating the children; i.e. they were force fed Russian food, potatoes and semolina pudding even though they would have preferred the traditional fish and reindeer meat."[182]

Diese Aussage ist schon deshalb nicht korrekt, weil sie suggeriert, die Samen hätten sich nur von Fisch und Fleisch ernährt. Dabei unterhielten sie schon vor der Oktoberrevolution seit Jahrhunderten rege Kontakte mit den anderen auf der Kola-Halbinsel verkehrenden Ethnien, trieben mit ihnen Handel und kauften Getreide. Mehlspeisen gehörten schon seit langem auch bei den Samen ebenso auf den Speiseplan wie Fisch und Fleisch. Frau Afanas'eva berichtet zudem aus ihrer Zeit im Internat:

> O: […] Но все равно вот душа туда рвется домой, потому что мама тепленькая ждет тебя. И кушанье домашнее ждет, там [в Гремихе] ведь интернатовское питание. Нас все равно олениной кормили, уху варили.
> B: Да?
> O: Да. Давали. Была возможность в Гремихе. Рядом колхоз большой в Варзино и колхоз «Искра» иокангский. Мясо давали интернату. //
>
> A: Aber natürlich zieht es die Seele trotzdem nach Hause, weil dort die warme Mutter auf dich wartet. Und das hausgemachte Essen erwartet dich, dort [in Gremicha] war's halt das Internatsessen. Aber man fütterte uns dort trotzdem mit Rentierfleisch, und Fischsuppe kochten sie.
> I: Ja?
> A: Ja, das bekamen wir. In Gremicha war das möglich. In der Nähe gab's die grosse Kolchose von Varzino und die Kolchose «Iskra» in Iokanga. Das Internat wurde mit Fleisch beliefert.[183]

---

182 Sarv 1996, 136.

183 Interview Afanas'eva, Z. 1123-1129.

Abbildung 12: Samische Kinder des Internats in Gremicha, Jahrgang 1953-54 (6. Klasse), Nina Afanas'eva hinten rechts (Privatarchiv von Nina Afanas'eva).

Manchmal konnten die Schüler der Internate im Sommer in ein Lager ans Schwarze Meer reisen. Diese Möglichkeit von kostenlosen Reisen in den Süden, die auch Erwachsenen mit vielen Dienstjahren zur Verfügung stand, wird von allen meinen Interviewpartnerinnen durchweg geschätzt. Von Sarv (1996) wird jedoch auch dies als Nachteil dargestellt:

> „Beginning in 1957, children were taken south for the summer to the Black Sea, so they had no opportunity to become acquainted with their own language or culture."[184]

Natürlich freuten sich die Kinder auf diese Lager am Meer. Der Einwand, dass sie dadurch noch weniger bei ihren Eltern waren, mit ihnen im Sommer nicht in die Tundra fahren und so die Rentierzucht nicht kennenlernen konnten, ist einerseits plausibel. Andererseits wurden die Kinder nicht jedes Jahr in den Süden geschickt. Frau Afanas'eva berichtet sogar, dass sie auf eigenen Wunsch nicht im Sommer, sondern erst im Herbst auf die Krim geschickt wurde, so dass sie die Sommermonate trotzdem bei der Mutter verbringen konnte.[185]

184 Sarv 1996, 136.

185 Vgl. Interview Afanas'eva, Z. 1235-1251.

5.4.4.3. Weiterbildungs- und Berufschancen

Alle Interviewpartnerinnen ausser Nina Afanas'eva konnten nur die Grundschule besuchen. Dies hat vor allem mit der späten Einschulung aufgrund der verzögerten Eröffnung von Schulen und den widrigen Umständen des Krieges zu tun.

Nina Afanas'eva, der jüngsten Gesprächspartnerin, die als einzige bereits nach dem Krieg ihr schulpflichtiges Alter erreichte, hat das neueingerichtete Bildungssystem es ermöglicht, in Leningrad eine universitäre Ausbildung zu erhalten. Dafür – und nur dafür – empfindet sie bis heute grosse Anerkennung gegenüber dem sowjetischen Staat:

> O: В связи с чем предложили [поехать в Ленинград учиться]. Значит, это, так называемый, была- Советское время, конечно, хулить **нельзя,** там была направленность. Забота о детях, забота об одиноких матерях и забота о тех семьях, в которых, ну как, кормильцев нет, погибли. Вот у меня старшие братья погибли. Мы мал-мала меньше остались, поэтому мама у нас одинокая. […]
> Но Ленинград, в Ленинграде при университете имени Герцена, педагогический университет Герцена, был создан [школьный] факультет народов Крайнего севера. Для таких детей, как а: остронуждающихся в государственной- здесь вот была оказана всем север- детям севера **государстве:нна:я поддержка** семьям мало:имущим:, у которых просто денег не было как одеть, во что одеть, накормить и так далее. […] Нам талончики выдавали, мы ходили и завтракали, обедали, ужинали. Нас худо-хорошо, давали по обуви, пальто, шарфик какой-то или платье, то есть, одевали. […] Не все и всем все нравилось. Просто, понимаешь? Мы подрастали, становились девушками. Нам хотелось что-нибудь поизящнее. А мы одевались, то, что выдавали. Особого выбора не было. Но все равно и это было хорошо, понимаешь? //

> A: Weshalb wurde mir vorgeschlagen [nach Leningrad studieren zu gehen]? Also das war das sogenannte- Die Sowjetzeit darf man darin natürlich nicht tadeln, da gab es ein Ziel: Die Sorge um die Kinder, die Sorge um alleinerziehende Mütter und die Sorge um jene Familien, in denen es, wie soll ich sagen, es keine Ernährer gab, alle umgekommen waren. Bei mir sind ja die beiden älteren Brüder umgekommen. Wir wurden immer weniger, deshalb war meine Mutter allein. […]
> Aber Leningrad, in Leningrad an der Herzen-Universität, der pädagogischen Herzen-Universität, war die Fakultät der Völker des hohen Nordens erschaffen worden [eine „Schulfakultät" als Vorbereitung auf das universitäre Studium]. Für solche Kinder, die äh: sehr auf die staatliche- hier erhielten alle nördlichen, alle Kinder des Nordens **staatli:che: Hilfe** für wenig begüterte Familien, die einfach kein Geld hatten, um ihre Kinder anzuziehen, zu ernähren und so weiter. […] Wir bekamen Essenskarten, wir gingen frühstücken, mittagessen und abendessen. Man gab uns Schuhe, einen Mantel, irgendeinen Schal oder ein Kleid, mehr schlecht als recht, nun ja, man kleidete uns ein. […] Nicht allen gefiel alles. Einfach, verstehst du, wir wuchsen heran, wurden zu jungen Frauen, und wir wollten irgend etwas Hübscheres. Aber wir mussten anziehen, was man uns gab. Es gab keine besondere Auswahl. Und trotzdem, auch das war gut, verstehst du?[186]

---

186 Interview Afanas'eva, Z. 1345-1349, 1371-1384.

Abbildung 13: Nina Afanas'eva (vorne unten) in der achten Klasse (1955-56) in Leningrad. Auf dem Foto sind Kinder folgender Ethnien zu sehen: Nenzen, Burjaten, Tschuktschen und Samen (Privatarchiv von Nina Afanas'eva).

Ein anderer Aspekt der Bildungspolitik war die Institutionalisierung des Berufs des Rentierhirten und die Erschaffung einer dazugehörigen Berufsausbildung. Da sich dazu keine der Gesprächspartnerinnen äusserte, sollen hier nur kurz Informationen aus der vorhandenen Literatur zitiert werden.

Seit den 1970er Jahren gibt es in Lovozero eine Berufsschule (*professional'no-techničeskoe učilišče, PTU*), an der Berufe erlernt werden, die unmittelbar mit der Rentierzucht zu tun haben. Dazu gehört auch die Ausbildung zum Hirten, der offiziell *olenevod-mechanizator* bzw. *olen'technik* heisst. Das Problem dabei ist, dass die Ausbildung zu theorielastig ist und sie zu vielen Teilen nicht mehr in der Tundra, sondern in den Klassenräumen des Technikums stattfindet. Das praktische Können der Hirten bleibt hingegen auf der Strecke, worüber sich heute viele ältere, ehemalige Hirten beklagen.[187] Im Übrigen ist dies ein generelles Problem der Berufsausbildungen im sowjetischen und daraus hervorgegangenen heutigen Bildungssystem.

Alles in allem waren die Internate der Preis, der zu zahlen war, wenn man sowohl eine gebildete Generation heranziehen, als auch trotzdem die Rentierzucht betreiben wollte. Die Mängel im Bildungssystem sind nicht beim Konzept der Internate zu suchen, sondern eher bei der Handhabung der Sprachen sowie bei der Berufsausbildung. Das Bildungssystem brachte und bringt jenen Vorteile, die kein traditionelles, sondern ein modernes, urbanisiertes Leben führen wollen. Für jene, die hingegen nach der Ausbildung einen traditionellen Beruf ausüben möchten, bot und bietet das Bildungssystem unbefriedigende Möglichkeiten.[188] Dies führte zu einer generellen Abwertung traditioneller Berufe und somit zu einer weiteren Barriere für das Fortleben der samischen Kultur.

5.4.5. Abschliessende Worte zur Zeit der endgültigen Zentralisierung der Samen

Ungeachtet der relativ ausführlichen Informationen in diesem Kapitel lässt sich sagen, dass gerade zur Zeitspanne der 1950er bis anfangs der 1980er Jahre die Datenlage in den vorhandenen Publikationen eher spärlich und vor allem thematisch einseitig ist. Fast alle Untersuchungen konzentrieren sich auf die Rentierzucht, obwohl 1989 nur 35% der arbeitsfähigen Bevölkerung der Samen Russlands in dieser Branche tätig waren.[189] Die Analyse der Interviews hat gezeigt, dass sich das Leben vieler Samen schon seit langem nicht mehr nur um die Rentierzucht dreht. Dies mögen viele Ethnologen und Sozialanthropologen in ihren Arbeiten beklagen, doch eine zu starke thematische Übergewichtung der Rentierzucht wird letztlich einer wirklichkeitsnahen Beschreibung der modernen Lebensbedingungen der Samen wenig gerecht. Sie sind als Bürger des multiethnischen Staates Russland in allen möglichen Erwerbszweigen vertreten, vor allem jene Samen, die nicht oder nicht mehr in Lovozero wohnen, wie zum Beispiel Nina Afanas'eva und Anastasija Matrёchina.

Durch all die in den vorangegangenen Abschnitten beschriebenen Veränderungen ging der ursprüngliche Lebenswandel der Samen weitgehend verloren. Die Jagd und der Fischfang, einst gleich wichtig wie die Rentierzucht, hatten als Einnahmequelle kaum mehr Bedeutung und waren oft nur noch Freizeitbeschäftigung.[190] Bereits eingangs der Arbeit wurde erwähnt, dass die traditionelle Le-

187 Vgl. Vladimirova 2006, 219.

188 Vgl. hierzu auch Maksimov 2002.

189 Vgl. Bol'šakova 2005, 219.

190 Vgl. Klement'ev/Šlygina 2003, 74. Heute, in Zeiten massiver Arbeitslosigkeit, niedriger Löhne und unerschwinglicher Preise, haben Jagd und Fischfang als Nahrungsquellen wieder an Bedeutung gewonnen.

bensweise sich bereits seit Ende des neunzehnten Jahrhunderts massgeblich zu verändern begann. Die dramatischsten Umwälzungen im Leben der Samen fanden jedoch zwischen den 1930er und 1970er Jahren statt. Gerade auch die Politik der Nachkriegszeit (1950er bis 1970er Jahre) ist dem samischen Volk teuer zu stehen gekommen – eine Zeit, die manch anderer Bewohner der UdSSR als verhältnismässig ruhige und stabile Phase in Erinnerung hat. So ist wohl auch die von Robinson/Kassam (1998) zitierte, jedoch nicht weiter kommentierte Aussage der samischen Zeitzeugin Alja Sergina zu deuten, die Stalinzeit habe für sie von 1930 bis 1974 gedauert.[191] Das Tauwetter begann für die Samen verspätet ab Mitte der 1970er Jahre, als das System der sowjetischen Planer endlich ‚durchgeboxt' war und das Leben sich in einem relativ ruhigen Rhythmus einpendelte.

5.5. Perestrojka und postsowjetische Zeit

> O: Так эта перестройка-то, конечно, была начата-то, было очень плохо. Не нравилось. Нисколько не нравилось это вот. Вот начал у нас перестройку-то-как лысая голова-то?
> B: Ну, в 85-ом году началась.
> O: Да, не нравилось нам, но все же они сделали свое. //

> A: Also diese Perestrojka da, die wurde also sehr schlecht begonnen. Das gefiel mir nicht. Überhaupt nicht gefiel mir das. Begonnen hat diese Perestrojka ja- wie hiess er nochmal, dieser Glatzkopf da?
> I: Na ja, 1985 war das.
> A: Ja, das gefiel uns nicht, aber die haben's trotzdem durchgezogen.[192]

Was die Rentierzucht betrifft, brachte die Zeit der Perestrojka anfangs nur wenige Veränderungen. Diese kamen etwas später, ab etwa 1989. Unter Gorbačev kann man von einem ‚nationalen Erwachen' der Samen sprechen. 1989 wurde die Organisation der Samen der Kola-Halbinsel (*Associacija kol'skich saamov*) gegründet, deren Ziel es ist, die Interessen der Samen in der Lokalpolitik zu wahren und Kontakte mit den Samen Fennoskandiens zu knüpfen. Zudem wurde später parallel dazu die Organisation OOSMO (*Obščestvennaja Organizacija Saamov Murmanskoj Oblasti*) gegründet. Auch wenn die Arbeit der beiden Organisationen immer wieder durch Konflikte gebremst wird, besteht ihr Verdienst unter anderem sicher darin, dass sie das ethnische Selbstbewusstsein der Samen zu fördern begannen. Heute besinnen sich zahlreiche auch jüngere Menschen auf ihre samischen Wurzeln zurück, freilich oft ohne die samische Sprache zu beherrschen.[193]

---

191 Zit. nach Robinson/Kassam 1998, 81.

192 Interview Jur'eva, Z. 301-304.

193 Vgl. Bol'šakova 2005, 219; Klement'ev/Šlygina 2003, 42; Kulinčenko 2002, 27.

Abbildung 14: 6. Februar 1993, Tag der Samen: Gründung der Organisation des samischen Kunsthandwerks – ein weiteres Symbol des wiedererstarkten ethnischen Selbstbewusstseins der Samen. Im Hintergrund ist die samische Flagge zu sehen (Privatarchiv von Nina Afanas'eva).

Erstmals einem grossen Publikum kundgetan wurden die offensichtlichen Probleme der Samen 1989 in der in Moskau erscheinenden und landesweit vertriebenen Zeitung *Trud*. Dieser Artikel ist ein eindrückliches Zeitdokument, das Informationen enthält, die kurz zuvor noch in keiner Weise hätten öffentlich diskutiert werden können:

„In der Tundra waren früher zahlreiche Siedlungen [...] verteilt, in denen Seite an Seite Männer und Frauen arbeiteten. Die Bewohner der Siedlungen wurden nach Lovozero umgesiedelt. Die Frauen wurden von ihrer traditionellen Lebensweise losgerissen, die Männer hingegen blieben in der Tundra bei den Herden. Und so sind die Familien in drei Teile zerrissen. [...] Nicht jede Mutter [...] möchte ihr Kind in ein Internat abgeben. Und dies ist die Statistik: 1989 sterben 20% eines natürlichen Todes, 40% sterben auf tragische Weise: Sie ertrinken, erfrieren in der Tundra, kommen bei Autounfällen um oder im Suff [sic!], da viele von ihnen chronische Alkoholiker sind. Im Dorf [Lovozero, L. A.] wurde sichtbarer Wohlstand geschaffen:

> Einfamilienhäuser[194] und Autos, doch das ist so etwas wie ein Schauelement für Gäste. [...] Tatsächlich ist alles ganz anders: [...] Ewig Rentierfleisch und Männergesellschaft, und das drei Monate am Stück. Anschliessend zwei Wochen Urlaub, und dann geht es wieder Hunderte von Kilometern zurück, ohne Elektrizität, Wohnung, Fernseher und vor allem ohne menschlichen Umgang... Dafür mit viel Schwermut."[195]

Besonders eindrücklich ist dieser Artikel, wenn man bedenkt, in welchem inhaltlichen Widerspruch er zur nur zwei Jahre zuvor erschienenen Monographie von Kiselev/Kiseleva (1987) steht. Gleichzeitig ist dies ein weiterer Hinweis dafür, dass es um die Meinungsfreiheit damals im ‚Zentrum' (Moskau) weit besser stand als in der Peripherie (z.B. Murmansk), wo die neuen Ideen von Perestrojka und Glasnost' sich nur langsam durchsetzen konnten. Der Zeitungsartikel bringt genau das auf den Punkt, was meines Erachtens in Lovozero neben den Umsiedlungen eine der wichtigsten Quellen sozialer Probleme war, die die sowjetische Politik der Zentralisierung der Samen und Professionalisierung der Rentierzucht mit sich brachte: Die Reduzierung des Hirten-Daseins von der Lebensform zum reinen Beruf hatte zur Folge, dass die Familien die meiste Zeit getrennt waren. Andererseits ist nicht zu abzustreiten, dass das Wohnen städtischen Typs und die Schulen auch einen Fortschritt darstellen. Man hat den Eindruck, dass in der Berichterstattung seit etwa 1989 bis heute das Pendel in die andere Richtung geschlagen ist: Wurden zuvor immer nur die Fortschritte angepriesen, hat man seit dem Ende der Sowjetunion begonnen, vorwiegend deren die negative Aspekte zu berichten.

Über alle Epochen gut und relativ ausgewogen erforscht ist mittlerweile nur die Rentierzucht, die von Autoren wie Konstantinov, Vladimirova und Robinson/Kassam ausgiebig untersucht wurde. Wie bereits erwähnt, beschäftigte dieser Wirtschaftszweig jedoch weniger als die Hälfte aller arbeitsfähigen Samen. Dennoch identifizieren sich nach wie vor viele Samen, vor allem der älteren Generation, mit der Rentierzucht; wenn sie nicht selbst in dieser Branche tätig waren, so waren es ihre Eltern, oder sie haben andere Verwandte, die in diesem Wirtschaftszweig arbeiten oder arbeiteten. Die Erkenntnisse dieser Autoren zur Übergangszeit von der Plan- zur Marktwirtschaft sollen hier deshalb kurz zusammengefasst werden.

Genauso wie in den Ackerbaugebieten Russlands das meiste Land bis heute in staatlichem Besitz geblieben ist, gab es auf der Kola-Halbinsel keine direkte Rückgabe von verstaatlichtem Eigentum. Die Sowchosen wurden in Genossenschaften (*tovariščestvo*) umgewandelt, deren Eigner die Belegschaft ist. Einer Restitution kam dies trotzdem nicht gleich, da die Anzahl Anteile, die eine Fa-

---

194 Es wurden in Lovozero an zentraler Stelle einige erstaulich geräumige Einfamilienhäuser aus Backstein gebaut, was äusserst ungewöhnlich für den sowjetischen Wohnungsbau ist; in einem dieser Häuser wohnt auch Anna Jur'eva. Tatsächlich wohnen aber die meisten Menschen in Lovozero in gewöhnlichen Wohnungshäusern (*chruščevki*).

195 Galenkin/Kovalenko 1989.

milie erhielt, nicht davon abhing, wie viele Rentiere die Vorfahren vor der Kollektivierung besessen hatten, sondern wie viele Dienstjahre man bei der Sowchose auf dem Konto hatte.[196]

Zwar gibt es seit dem Ende der Sowjetunion einen generellen Mangel an Menschen, die gewillt sind, in der Rentierwirtschaft zu arbeiten, doch innerhalb der Belegschaft der Genossenschaft – der Nachfolgeorganisation der Kolchose – gibt es wieder mehr Samen, und es haben sich vermehrt wieder samische Rentierzuchttraditionen durchgesetzt. Es wird wieder mehr auf traditionelle Kleidung, Instrumente und Ornamente Wert gelegt. Die Herden sind wieder kleiner und weit weniger beaufsichtigt (*vol'nyj vypas*, siehe Kapitel 3.1. *Die ursprüngliche Lebensweise*), wobei dies eine gleichmässigere Abgrasung und somit Schonung der Ressourcen zur Folge hat.[197]

Abbildung 15: Samischer Rentierhirte in der Tundra im Jahre 1998. Pause in der *kuvaksa*, der traditionellen samischen mobilen Behausung (Privatarchiv von Nina Afanas'eva).

196 Vgl. Konstantinov/Vladimirova 2002, 16.

197 Vgl. Klement'ev/Šlygina 2003, 76.

Anna Jur'eva, die ihr ganzes Leben in Lovozero als *čumrabotnica* arbeitete, erachtet die Rückkehr zur Methode des *vol'nyj vypas* jedoch keineswegs als vorteilhaft.

О: [...] В общем, не так пасут, как раньше пасли оленеводы. Сейчас называется вольный выпас. Важенки телятся сами собой. А раньше было дежурили по суткам [...].
В: Ну, в общем хуже сейчас, чем было в советское время?
О: Хуже, хуже. Вот нам пожилым людям намного кажется хуже. Намного. Потому что мы **работали**, мы были **работой** заняты, всё. Сейчас людям, я еще раз скажу, молодежи негде работать! А у нас же поселок большой был, при советской власти все равно работу находили. Работали. [...] У нас вот, например, здесь раньше стада- Одно стадо было 4-5 тысяч, одно. Три стада это уже 15 тысяч. А сейчас вот с трех стад собрали пять тысяч. И **чем** будут платить людям, там работают? Чем платить? Нечем платить людям. Там были мясопланы такие сумасшедшие, по 100- этот- по 100 тонн было, по 90 тонн, по 80 тонн были. Мясоплан чтобы бригаде надо выполнить. Одной бригаде. И **выполняли**, пасли. Потому что в руках стадо, как называется, в руках пасли, все время не пускали. [...] И пасли оленей, пасли от медведя, от росомах. **А сейчас вон чего**, вольный выпас. Он телится, ребеночка тут же, может, и ворона даже отбирает от них, когда теленочек только поднимается. [...] Лиса тут же сразу отбирает, росомаха, а медведей полно завелось сейчас в тундре. А тогда, когда дежурили во время отела- не вижу- ((стук)) не давали этим медведям-то кушать телят. //

A: [...] Die Tiere werden heute nicht so gehütet, wie sie früher die Rentierhirten hüteten. Jetzt nennt man das freies Weiden [*vol'nyj vypas*]. Die Weibchen kalben allein. Früher hingegen wurde rund um die Uhr Wache gehalten [...].
I: Es ist also insgesamt jetzt schlechter als in der Sowjetzeit?
A: Ja, schlechter, schlechter. Uns älteren Menschen scheint es viel schlechter. Viel schlechter. Weil wir **arbeiteten**, wie waren mit unserer **Arbeit** beschäftigt. Jetzt wissen die Leute, die Jugendlichen, ich sag's nochmals, nicht, wo arbeiten. [...] Früher waren die Herden zum Beispiel- eine Herde hatte vier bis fünftausend Tiere, eine einzige. Drei Herden hatten schon 15'000 Tiere. Und jetzt haben sie aus drei Herden fünftausend zusammenbekommen. Und womit soll man die Leute bezahlen, die arbeiten? Womit? Es gibt kein Geld. Früher gab es wahnsinnige Fleischpläne [*mjasoplany*], 100 Tonnen, 90 Tonnen, 80 Tonnen. Fleischpläne, die die Brigaden erfüllen mussten. Und sie **wurden** erfüllt, die Tiere wurden zu den Weideplätzen begleitet. Weil sie die Herde im Griff hatten, wie soll ich sagen, die Herde wurde beim Weiden gehütet, sie wurde nie aus den Augen gelassen. [...] Und die Rentiere weideten, geschützt vor Bären und Vielfrassen. Aber schauen Sie, was **heute** passiert, mit dem *vol'nyj vypas*. Das Baby kommt zur Welt, und schon kann es sein, dass ein Rabe es wegnimmt, sobald das Kälblein aufsteht. [...] Ein Fuchs kann es wegnehmen, oder ein Vielfrass. Und wie viele Bären es jetzt in der Tundra gibt! Hingegen damals, ich sehe nicht- ((jemand klopft an der Tür)) als während der Zeit des Kalbens ständig Wache gehalten wurde, konnten die Bären nicht die Kälber fressen.[198]

198 Interview Jur'eva, Z. 250-252, 761-779.

Gerade die weniger intensive Beaufsichtigung und die kleineren Herden können auch negativ gesehen werden, als weiterer Schritt in der Zersetzung der Rentierzucht als Wirtschaftszweig. Wenn man davon ausgeht, dass es utopisch ist, heute eine Zucht wie vor 150 Jahren zu betreiben und dass man sich realistischerweise an das Diktat moderner Wirtschaftlichkeit halten muss, sind die jüngsten Entwicklungen der Rentierzucht auf der Kola-Halbinsel wohl eher in einem düsteren Licht zu sehen. In den heutigen Verhältnissen müssen zwar keine „Fleischpläne" mehr erfüllt werden, um wirtschaftlich zu arbeiten sind aber dennoch grosse Verarbeitungsmengen vonnöten.

2002 wohnten nur 7,8% der Gesamtbevölkerung des Gebiets Murmansk (Murmanskaja oblast') in ländlichen Gebieten.[199] Der Anteil der in ländlichen Gebieten wohnhaften Samen beträgt jedoch über 70%.[200] Als wichtigste Probleme der auf dem Land lebenden Samen können heute aufgezählt werden:

1. Die Wilderei
Seit dem Ende der Sowjetunion ist die Anzahl Wilderer drastisch gestiegen. Sie sind nicht nur eine Gefahr für die Tiere, sondern sogar für die Menschen, die ihnen in die Quere kommen. Eine besondere Gefahr stellen als Wilderer die zahlreichen Militärs an der Küste dar, da sie gut bewaffnet sind, Transportmöglichkeiten haben und ‚unantastbar' sind.[201]

2. Die geringe Attraktivität des Hirtenberufes; die generelle Arbeitslosigkeit
Die schlechte Beaufsichtigung der Herden durch die Hirten, die die Verweildauer in der Tundra oft so weit wie möglich reduzieren wollen, führt zu drastischen Rentierverlusten; die Rentiere sind schlechter vor wilden Tieren und Wilderern geschützt. Für den Populationsrückgang verantwortlich sind aber auch Mängel bei der Zucht, vor allem unkoordinierte Geburts- und Schlachtpolitik. All dies führt dazu, dass viele Rentiere im Menschen mehr einen Feind als einen Freund sehen, verwildern und nicht mehr auffindbar sind (Dedomestikation).[202] Die Arbeit in der Rentierzucht ist nicht nur hart, sie ist auch schlecht bezahlt. Dies macht den Beruf wenig attraktiv. Da es aber auch sonst wenig Alternativen gibt, ist heute die Arbeitslosigkeit sehr hoch. Die sozialen Probleme – vor allem der Alkoholismus und dessen Folgen – sind heute nicht geringer als zu den Sowjetzeiten. Sie haben im Gegenteil eher zugenommen.

---

199 [o.A.], Čislennost' naselenija Rossii … 2002, [ohne Seitennumerierung].

200 Vgl. Kulinčenko 2002, 26.

201 Vgl. Interview Golych, Z. 223-235, 1062-1111; Klement'ev/Šlygina 2003, 76; Vladimirova 2006, 171 f.; Robinson/Kassam 1998, 77, 112.

202 Vgl. Interview Jur'eva, Z. 224-237; Klement'ev/Šlygina 2003, 76; Vladimirova 2006, 171 f., 214-220; Robinson/Kassam 1998, 80.

Abbildung 16: Von Wilderern verbrannte Brücke auf der Schotterpiste zwischen Verchnetulomsk und Kovdor. Durch das systematische Unterbrechen von Verkehrswegen schützen sich die Wilderer vor den Jagdinspektoren (mündliche Information von Jagdinspektor Zajkov, April 2003), (Foto: Lukas Allemann, 2003).

3. Die schlechte ökologische Situation und räumliche Einengung aufgrund von Industrialisierung, Militarisierung und Tourismus

Drei Faktoren haben heute Einfluss auf die prekäre ökologische Situation und räumliche Einengung des Lebensraums der auf dem Land lebenden Samen:

a) Die Industrialisierung

Die massenhafte Kolonisierung der Kola-Halbinsel mit der daraus resultierenden Erbauung von Verkehrswegen und Industrieanlagen, von denen ganze Städte abhängen,[203] hat den Lebensraum der Rentiere stark eingeengt. Westlich der Hauptverkehrsachsen (Strasse und Bahnlinie nach St. Petersburg) sind heute kaum Rentiere anzutreffen. Besonders der Bergbau und die Metallindustrie richteten in den Gebieten rund um Nikel' sowie um Mončegorsk ein ökologisches Desaster an. Durch ihre Schwefeldioxid-Emissionen sind ganze Waldzonen abgestorben, und die Folgen sind noch heute gravierend.[204] Aufgrund der relativen Kleinräumigkeit, frühen Kolonisierung und dichten Besiedlung der Kola-Halbinsel sind die Probleme, die Urbanisierung und Industrialisierung mit sich gebracht haben, hier grösser als in den meisten anderen subarktischen Gebieten Russlands.

Abbildung 17: Schwermetallverseuchte Industrielandschaft bei Mončegorsk im Winter (Foto: Lukas Allemann, 2003).

203 Die Städte Nikel' und Apatity sind zum Beispiel nach den dort geförderten bzw. industriell verarbeiteten Rohstoffen Nickel und Apatit benannt.

204 Vgl. Wheelersburg/Gutsol 2008, 82.

Abbildung 18: Schwermetallverseuchtes Umland bei Mončegorsk im Sommer (Foto: Lukas Allemann, 2003).

b) Das Militär

> "A less well known abuse of the Sámi's land was committed by the Soviets for years during the cold war. The Soviets used the waters near the port city of Murmansk as a dump for radioactive waste from 1964 to 1986. The inexplicable act of using the Arctic Ocean as a nuclear dump threatens the northern Sámi greatly because of their dependence on fish for a large part of their diet and income. [...] The waters in which the dumping occurred were only tens of meters deep or less, with a high fish population located in the area."[205]

Die Probleme der bereits erfolgten, lokal begrenzten nuklearen Kontamination sowie einer drohenden grossflächigen nuklearen Katastrophe betreffen natürlich nicht nur die Samen, sondern die gesamte Bevölkerung der Kola-Halbinsel. Besonders die Samen wurden zudem durch das Militär in ihrem Lebensraum stark eingeengt. Dies hat sich bis heute nicht geändert.

c) Der Tourismus

Seit dem Ende der Sowjetunion ist für die Samen eine zusätzliche neue Bedrohung hinzugekommen: Die Sportfischer. Viele der besten Fischfanggründe (Flüsse zum Lachsfischen) werden von Gesellschaften beim Staat gepachtet. Die meist westlichen Touristen werden für viel Geld per Hubschrauber eingeflogen und leben in Camps. Das Nachsehen haben die Bewohner der ländlichen Gebie-

205 Sommer [o. J.], [ohne Seitennumerierung].

te, unter ihnen auch die Samen. Gerade in der postsowjetischen Zeit sind viele Menschen wieder vermehrt von der Selbstversorgung abhängig, doch der Zugang zu den besten Fanggründen wird ihnen erschwert.[206]

Im Licht der heutigen Probleme – von denen nicht wenige nach dem Zusammenbruch der Sowjetunion neu hinzugekommen sind oder verstärkt wurden – ist es somit verständlich, dass für viele Menschen die Zeit der wachsenden Kolchosen und stabilen Löhne im Nachhinein attraktiv aussieht. Vladimirova (2006) macht bei ihren Interviewpartnern gar einen „clear trend of glamorization and mythologization of the Soviet successes"[207] aus. Dies trifft in der einen oder anderen Weise bei allen meinen Interviewpartnerinnen zu, auch wenn sie in anderen Punkten zu sehr scharfen Kritikerinnen des sowjetischen Systems werden können.

206 Vgl. Robinson/Kassam 1998, 108.
207 Vladimirova 2006, 222.

6. Schlussbetrachtungen: Die Samen und der sowjetische Staat – ein zwiespältiges Verhältnis

Die vorliegende Untersuchung über die Lebensbedingungen der Samen der Kola-Halbinsel während der Sowjetzeit hat einige neue Perspektiven eröffnet. Zum einen hat sich herausgestellt, dass das Schwarz-Weiss-Bild, wie es in der stark polarisierten Literatur häufig gezeichnet wird, nicht beibehalten werden kann. Zum anderen hat sich gezeigt, dass das grösste Übel für viele Samen nicht die Kollektivierung an sich und nicht der stalinistische Terror, sondern die Umsiedlungen waren. Sie betrafen fast jede samische Familie. Dem Thema der Umsiedlungen wird in den bisherigen Publikationen zu wenig Achtung geschenkt, und mit meiner Studie erhoffe ich mir, diese Wissenslücke ein wenig zu schliessen.

Die zwiespältigen Eindrücke meiner Interviewpartnerinnen lassen sich wie folgt resümieren:

Frau Jur'eva glorifiziert das sowjetische Rentierzuchtsystem, weil sie dessen Schattenseiten nicht miterlebt hat, die samischen Traditionen mit den sowjetischen Neuerungen relativ gut vereinbaren konnte und heute mit ansehen muss, wie vieles zugrunde gegangen ist. Für sie und ihre Familie brachte die Kollektivwirtschaft der Nachkriegszeit in den 1950er bis 1980er Jahren eine eindeutige Anhebung des Wohlstands mit sich. Dieser Wohlstand ist heute wieder verflogen. Heftige Kritik übt Frau Jur'eva hingegen am Bildungswesen: Da sie stets in einer Umgebung lebte und arbeitete, in der die samische Sprache im Alltag gebraucht wurde, beanstandet sie die Verdrängung des Samischen von den Schulen. Die staatlich organisierte Erziehung arbeitete somit gegen die elterliche Erziehung zu Hause. Dass Frau Jur'eva keine weiteren Kritikpunkte nennt und über die Umsiedlungen schweigt, mag nicht damit zusammenzuhängen, dass sie gar nichts davon weiss; vielmehr ist es für sie schwer zu akzeptieren, dass ihre Mitmenschen, die nach aussen hin gleichberechtigt waren und im selben Kollektiv arbeiteten wie Frau Jur'eva, aufgrund der erlebten Umsiedlungen mit massiven sozialen Problemen zu kämpfen hatten.

Frau Matrëchina hat in den sowjetischen Zeiten die Umsiedlung von Iokanga nach Gremicha erlebt. Sie rügt das Bildungssystem und macht ausschliesslich die Lehrerschaft dafür verantwortlich, dass ihre Kinder kein Samisch mehr sprechen. Wir haben jedoch gesehen, dass es dafür auch andere Gründe gab, wie zum Beispiel das mehrheitlich russische Arbeitsumfeld der Eltern und deren nicht ausgeprägtes Traditionsbewusstsein. Die grösste Geissel, die die Russen den Samen beschert haben, sieht Frau Matrëchina im Alkohol. Er wurde erst ab 1958 zu einem dominanten Problem ihrer Umgebung – dem Jahr, als sie nach Gremicha umgesiedelt wurde, wo die Russen die Mehrheit stellten. Auch deshalb sehnt sich Frau Matrëchina in die Zeit Stalins zurück, weil dieser „das Benehmen [der Leute] im Griff hatte."[208] Auch Frau Jur'eva hat eine ähnliche Meinung zur Zeit unter Stalin.

Dies sieht Frau Afanas'eva anders, weil sie selbst miterlebte, wie Verwandte den Repressionen zum Opfer fielen. Sie ist auch gegenüber den nachfolgenden Jahrzehnten der Sowjetunion äusserst kritisch eingestellt, weil sie die Fortsetzung staatlicher Repressionen auch nach dem Stalinismus hautnah miterlebte. Nach der Zwangsumsiedlung musste sie mit ansehen, wie ihr Bruder in der Gesellschaft nicht mehr Fuss fassen konnte und wegen ‚Schmarotzertums' mehrmals zu Freiheitsstrafen und Zwangsarbeit verurteilt wurde. Zu überschwenglichem Lob neigt Frau Afanas'eva jedoch, wenn sie von den Errungenschaften des sowjetischen Bildungswesens spricht. In der Tat hat die sowjetische Bildungspolitik auf der Kola-Halbinsel, einem Gebiet, in dem es kaum Schulen gab und ehemals fast hundert Prozent der indigenen Bevölkerung nicht alphabetisiert waren, vieles geleistet. Es wäre unangebracht, nur negativ von der sowjetischen Bildungspolitik zu sprechen, wie es etwa Sarv (1996) tut. Es ist jedoch bezeichnend, dass Frau Afanas'eva – selbst Russisch- und Deutschlehrerin und somit Vertreterin dieses Bildungssystems – gerade das Problem des Ausschlusses der samischen Sprache aus dem Bildungswesen kaum erwähnt und im gleichen Atemzug die Leistung hervorhebt, die die Lehrer erbrachten, indem sie den samischen Kindern das Russische beibrachten. Ein weiterer gewichtiger Unterschied zu Frau Jur'eva ist, dass Frau Afanas'eva den Übergang von der Subsistenzwirtschaft zu einer produktiveren Art und Weise des Wirtschaftens nach der Kollektivierung und den Umsiedlungen nicht als Vorteil empfindet, da für ihre Familie dadurch keine Anhebung des Lebensstandards stattfand. Für den persönlichen Wohlstand ihrer Familie gab die Subsistenzwirtschaft mehr her.

Alle Gesprächspartnerinnen stellen unisono fest, dass die sozialen Probleme wie Alkoholismus, Arbeitslosigkeit und Kriminalität nach dem Ende der Sowjetunion eher noch zugenommen haben.

In der vorhandenen Literatur zu den Samen Russlands lassen sich zwei sehr verschiedene grundlegende Tendenzen ausmachen. Einerseits gibt es jene Autoren, die die Meinung vertreten, dass der sowjetische Staat sehr abrupt brachiale Veränderungen mit sich gebracht habe, die nun genauso schnell wieder rückgängig gemacht werden sollten. Andererseits gibt es eine Reihe von Arbeiten, die jene kontinuierlichen Veränderungen auf der Kola-Halbinsel unterstreichen, die mit deren Kolonisierung bereits lange vor der Oktoberrevolution begannen.

Beide Haltungen sind berechtigt, vorausgesetzt man differenziert in genügendem Masse. Sicherlich ungerechtfertigt ist es zu sagen, dass die traditionelle samische Wirtschaft bis 1917 in ihrer reinen Form Bestand hatte und anschliessend zerstört wurde.[209] Übertrieben wirkt auch die Formulierung, man habe versucht die Samen zu zivilisieren, „indem ihnen Russisch beigebracht wurde und

208 Interview Matrëchina, Z. 284.

209 Vgl. Klement'ev/Šlygina 2003, 42.

sie mit der Kultur der Mehrheit zwangsgefüttert wurden."[210] Wie in der vorliegenden Arbeit aufgezeigt wurde, sprachen bereits Ende des neunzehnten Jahrhunderts fast alle Samen der Kola-Halbinsel Russisch.

Überzeugender wirkt die Argumentationsweise jener Autoren, die die Sonderstellung der Kola-Halbinsel innerhalb der nördlichen Gebiete Russlands betonen. Sie wurde früher als viele sibirische Kolonien von Russen besiedelt und als strategisch wichtig erkannt, weshalb die Samen auch früher als andere sogenannte kleine Völker des Nordens in Kontakt zu Russen kamen; deren Sprache, Kultur und Religion begann sich sehr früh mit der russischen zu vermischen. Davon zeugen auch die schon seit der Christianisierung russifizierten Namen der Samen. Konstantinov und Vladimirova betonen in ihren Arbeiten nicht nur die jahrhundertealten Kontakte zu den Russen, sondern auch die Einwanderung der Komi und Nenzen, deren Art der Rentierzucht bereits Ende des neunzehnten Jahrhunderts auf dem Vormarsch und den Gegebenheiten einer nach den Gesetzen der Wirtschaftlichkeit funktionierenden modernen Welt besser angepasst war. Insofern wurde die Rentierzucht auf der Kola-Halbinsel genauso wie der Rest der russischen Wirtschaft Ende des neunzehnten und anfangs des zwanzigsten Jahrhunderts regelrecht in die Moderne katapultiert. Die nach der Oktoberrevolution von den Komi übernommene Art der Rentierzucht war somit nichts Neues.

Konstantinov/Vladimirova (2002) machen für die Sowjetzeit eine mehrheitlich „pro-rote"[211] Haltung unter den Samen aus. Sie begründen dies hauptsächlich mit der Tatsache, dass der Kontakt mit Russen bereits vor der Revolution intensiv war. Im Gegensatz dazu war für viele Angehörige kleiner Völker Sibiriens der erste Kontakt mit den Kommunisten gleichzeitig die erste Begegnung mit Russen. Falsch ist meines Erachtens jedoch die Behauptung, es gebe fast kein kollektives Gedächtnis über die Zeit vor der Sowchose.[212] Wenn Frau Jur'eva oder Frau Golych sich gerne an die Sowchose-Zeit erinnern, geschieht dies nicht, weil es keine Erinnerung an die Zeiten davor geben soll, sondern weil die 1970er und 1980er Jahre gerade *im Vergleich* zur früheren und späteren Zeit als verhältnismässig stabil und prosperierend erscheinen. Die Analyse meiner Interviews hat diesen Standpunkt verdeutlicht.

Dass die harten Zeiten von den 1930er bis zu den 1970er Jahren bei weitem nicht vergessen sind, zeigen die Aussagen der Informantinnen. Das wirkliche Übel, das während der Kollektivierung über die Samen hereinbrach, ist nicht die Expansion der Rentierzucht; diese war ein unumgänglicher Prozess, der vom sowjetischen Staat nicht initiiert, sondern nur fortgeführt wurde. Die Systematisierung und Vergrösserung der Rentierzucht hätte aber nicht zwangsläufig mit einer *Umsiedlung fast aller Samen* einhergehen müssen. Anstatt einer Zentralisierung wäre ein Ausbau der Verkehrsinfrastruktur, in erster Linie Strassen, für

210 Sarv 1996, 136.
211 Konstantinov/Vladimirova 2002, 12.
212 Vgl. Konstantinov/Vladimirova 2002, 14.

Bevölkerung und Natur effizienter und schonender gewesen. Dieser wäre jedoch zu Lasten des Staates gegangen, während die Umsiedlungen hauptsächlich zu Lasten der Menschen gingen. Dabei bedeutete der Abschluss der Kollektivierung noch lange nicht das Ende der Zwangsumsiedlungen. Auch die Elektrifizierung (Stauseen), die Industrialisierung und die Militarisierung der Kola-Halbinsel bewirkten, dass viele Samen ungefragt ihren Wohnort wechseln mussten und aus ihren Lebensgrundlagen und ihrer sozialen Umgebung herausgerissen wurden.

Wenn man die massenhafte Besiedlung, Industrialisierung und Militarisierung der Kola-Halbinsel jedoch als gegeben und unveränderlich betrachtet, wäre Lovozero im Grunde kein so schlechtes Konzept gewesen; dies zeigt uns der Lebensweg von Frau Jur'eva, die freiwillig nach Lovozero kam und sich dort gut integrierte. Die gravierenden Versäumnisse des sowjetischen Staates sind in erster Linie im Ablauf der Umsiedlungen zu sehen. Sie wurden überhastet vorbereitet und durchgeführt. Die Wahrung des materiellen Eigentums der Umgesiedelten war nicht gewährleistet, weil sie vieles zurücklassen mussten; für die Umgesiedelten gab es keine Behausungen, obwohl dies zugesichert wurde. Die neu Zugezogenen mussten alle beschäftigt werden; dies war jedoch nicht möglich. Viele Menschen erhielten deshalb Scheinjobs und wurden anschliessend dafür kriminalisiert, dass sie nicht zur Arbeit erschienen. Es lässt sich generell feststellen, dass die sozialen Folgeprobleme entweder unter den Teppich gekehrt wurden oder die Betroffenen selbst dafür verantwortlich gemacht wurden. Durch die Umsiedlungen entstanden Wunden, die noch heute nicht verheilt sind.

7. Literaturverzeichnis

Literatur:

Anderson Barbara A./Silver Brian D., Demographic Sources of the Changing Ethnic Composition of the Soviet Union, in: Population and Development Review 15:4 (1989), 609-656.

Anochin G. I., Sovremennaja sem'ja u saamov Kol'skogo poluostrova, in: Skandinavskij sbornik VII, Tallinn 1963, 258-277.

Bogdanov N. B., Process urbanizacii korennogo naselenija Kol'skogo poluostrova. Saami v XX veke, in: Lovozerskaja pravda, 18. und 24.11.2000.

Bol'šakova Nadežda, Žizn', obyčai i mify kol'skich saamov v prošlom i nastojaščem, Murmansk 2005.

Čarnoluskij V. V., Materialy po bytu loparej. Opyt opredelenija kočevogo sostojanija loparei vostočnoi časti Kol'skogo poluostrova, Leningrad 1930.

Charuzin N. N., Russkie Lopari. Očerki prošlogo i sovremennogo byta, Moskau 1890.

Fedorov P. V., K voprosu o demografii kol'skich saamov, in: Nauka i biznes na Murmane. Serija istorija i pravo. Kolskie saamy na rubeže tysjačeletij, 19:4 (2000), 27-29.

Fischer-Rosenthal Wolfram/Rosenthal Gabriele, Narrationsanalyse biographischer Selbstpräsentation, in: Hitzler Ronald/Honer Anne (Hg.), Sozialwissenschaftliche Hermeneutik, Opladen 1997, 133-164.

Galenkin V./Kovalenko T., Chrustal'nyj čum, in: Trud, 28.02.1989.

Geertz Clifford, Dichte Beschreibung. Beiträge zum Verstehen kultureller Systeme, Frankfurt a.M. 41995.

Gerbel Christian/Sieder Reinhard, Erzählungen sind nicht nur "wahr". Abstraktionen, Typisierungen und Geltungsansprüche in Interviewtexten, in: Botz Gerhard (Hg.) [et al.], "Qualität und Quantität". Zur Praxis der Methoden der Historischen Sozialwissenschaft, Frankfurt/New York 1988.

Gorter-Gronvik Waling T./Suprun Mikhail N., Ethnic Minorities and Warfare at the Arctic Front 1939-45, in: Journal of Slavic Military Studies 13:1 (2000), 127-142.

Haumann Heiko, Geschichte, Lebenswelt, Sinn. Über die Interpretation von Selbstzeugnissen, in: Hilmer Brigitte/Lohmann Georg/Wesche Tilo (Hg.), Anfang und Grenzen des Sinns, Weilerswist 2006, 42-54.

Husserl Edmund, Die Krisis der europäischen Wissenschaften und die transzendentale Phänomenologie, Hamburg 1977.

Jureit Ulrike, Authentische und konstruierte Erinnerung. Methodische Überlegungen zu biographischen Sinnkonstruktionen, in: WerkstattGeschichte, Bd. 18, 1997, 91-101.

Klement'ev E. I./Šlygina N. B. (Hg.), Pribaltijsko-finskie narody Rossii, Moskau 2003.

Kiselev A. A./Kiseleva T. A., Iz istorij kol'skich saamov, in: Nauka i biznes na Murmane. Serija istorija i pravo. Kol'skie saamy na rubeže tysjačeletij, 19:4 (2000), 15-19.

Kiselev A. A./Kiseleva T. A., Sovetskie saamy. Istorija, ėkonomika, kul'tura, Murmansk 1987.

Kiseleva T. A., Vlijanie socialno-ėkonomičeskich faktorov na razvitie olenevodstva kol'skogo poluostrova v 1900-1980-e gody, in: Voprosy istorii Evropejskogo Severa. problemy ėkonomiki i kul'tury XX v., Petrozavodsk 1994, 72-77.

Konstantinov Yulian, From 'Traditional' to Collectivized Reindeer Herding on the Kola Peninsula. Continuity or Disruption?, in: Acta Borealia 22:2 (2005), 170-188.

Konstantinov Yulian, Reindeer Herding on the Kola Peninsula Today, Rovaniemi 2006, <http://www.arcticcentre.org/includes/file_download.asp?deptid=21522&fileid=8376&file=20060407102138.pdf&pdf=1>, 30.01.2009.

Konstantinov Yulian, Reinterpreting the Sovkhoz, in: Sibirica. Interdisciplinary Journal of Siberian Studies 6:2 (2007), 1-25.

Konstantinov Yulian, Soviet and Post-Soviet Reindeer Herding Collectives. Transitional Slogans in Murmansk Region, in: Erich Kasten (Hg.), People and the Land. Pathways to Reform in Post-Soviet Siberia, Berlin 2002, 171-189.

Konstantinov Yulian/Vladimirova Vladislava, Ambiguous transition. Agrarian reforms, management, and coping practices in Murmansk region reindeer herding, Max Planck Institute for Social Anthropology Working Paper 35, Halle/Saale 2002, <http://www.eth.mpg.de/pubs/wps/pdf/mpi-eth-working-paper-0035.pdf>, 24.02.2009.

Konstantinov Yulian/Vladimirova Vladislava, Changes in Property Regimes and Reindeer Herding Management in Post-Soviet Herding Collectives. The Case of the Municipality of Lovozero (Murmansk Region, Northwest Russia), in: Bruce Forbes [et al.] (Hg.), Reindeer Management in Northernmost Europe. Linking Practical and Scientific Knowledge in Social-Ecological Systems, Berlin/Heidelberg/New York 2006, 117-133.

Kulinčenko G. A., Kol'skie Saamy. Istorija i sovremennost', in: Korennye narody Severa. Archeologičeskie i ėtnografičeskie issledovanija, Murmansk 2002.

Lüdtke Alf, Einleitung. Was ist und wer treibt Alltagsgeschichte?, in: Lüdtke Alf (Hg.), Alltagsgeschichte. Zur Rekonstruktion historischer Erfahrungen und Lebensweisen, Frankfurt [etc.] 1989, 9-47.

Luk'jančenko T. V., Material'naja kul'tura saamov (loparej) Kol'skogo poluostrova v konce XIX-XX vv., Moskau 1971.

Luk'jančenko T. V., Saamy, in: Tiškov V. A. (Hg.), Narody Rossii, Moskau 1994, 310-312.

Maksimov A. A., Realizacija interesov severnych narodov v uslovijach promyšlennogo razvitija, in: Sibirskaja zaimka 7 (2002), <http://zaimka.ru/07_2002/maksimov_northern/>, 07.04.2009.

Martin Terry, The Origins of Soviet Ethnic Cleansing, in: Journal of Modern History 70:4 (1998), 813-861.

Noiriel Gérard, Die Wiederkehr der Narrativität, in: Eibach Joachim/Lottes Günther (Hg.), Kompass der Geschichtswissenschaft. Ein Handbuch, Göttingen 2002.

[o.A.], Atlas avtomobil'nych dorog. Ot Atlantiki do Tichogo okeana, Minsk 1999.

[o.A.] Čislennost' naselenija Rossii, sub''ektov Rossijskoj Federacii v sostave federal'nych okrugov, rajonov, gorodskich poselenij, sel'skich naselennych punktov – rajonnych centrov i sel'skich naselennych punktov c naseleniem 3 tysjači i bolee čelovek, 2002, <http://www.perepis2002.ru/ct/html/TOM_01_04_1.htm>, 26.08.2009.

Rantala Leif, The Russian Sami of today, in: Bjørklund Ivar/Møller Jakob J./Reymert Per K. (Hg.), The Barents Region, Tromsø 1995, 56-62.

Rasmussen Hans-Erik, The Sami in the Kola Penninsula, in: Bjørklund Ivar/Møller Jakob J./Reymert Per K. (Hg.), The Barents Region, Tromsø 1995, 48-55.

Robinson Majkl P./Kassam Karim-Ali, Saamskaja kartoška. Žizn' sredi olenej vo vremja perestrojki, Moskau 2000. OA: Robinson Michael P./Kassam Karim-Aly S., Sami Potatoes. Living with Reindeer and Perestroika, Calgary 1998.

Rosenthal Gabriele, "...wenn alles in Scherben fällt...". Von Leben und Sinnwelt der Kriegsgeneration. Typen biographischer Wandlungen, Opladen 1987.

Rosenthal Gabriele, Die erzählte Lebensgeschichte als historisch-soziale Realität. Methodologische Implikationen für die Analyse biographischer Texte, in: Berliner Geschichtswerkstatt (Hg.), Alltagskultur, Subjektivität und Geschichte, Münster 1994.

Rosenthal Gabriele, Erlebte und erzählte Lebensgeschichte, Frankfurt/Main [etc.] 1995.

Sarv Marju, Changes in the Social Life of the Kola Sami, in: Seurajärvi-Kari Irja/Kulonen Ulla-Maija (Hg.), Essays on Indigenous Identity and Rights, Helsinki 1996, 131-139.

Schulze Winfried, Ego-Dokumente. Annäherung an den Menschen in der Geschichte?, in: Lundt B./Reimöller H. (Hg.), Von Aufbruch und Utopie. Perspektiven einer neuen Gesellschaftsgeschichte des Mittelalters, Köln [etc.] 1992, 417-450.

Schütz Alfred/Luckmann Thomas, Strukturen der Lebenswelt, Frankfurt a.M., 1979.

Sommer Niiko, The History of Mining and Inroads in Sámiland and Their Effect on the Sámi, [o.J.], <http://www.utexas.edu/courses/sami/dieda/hist/mining.htm>, 24.05.2009.
Stepanenko A. M., Rasstreljannaja sem'ja. Istoričeskie očerki o kol'skich saamach, Murmansk 2002.
Vaba Lembit/Viikberg Jüri, Samis or Lapps, [o. J.], <http://www.suri.ee/eup/samis.html>, 10.05.2009.
Vladimirova Vladislava, Just Labor. Labor Ethic in a Post-Soviet Reindeer Herding Community, Uppsala 2006.
Volkov N. N., Rossijskie saamy. Istoriko-etnografičeskie očerki, St. Petersburg 1996.
Wheelersburg Robert P./Gutsol Natalia, Babinski and Ekostrovski. Saami 'Pogosty' on the Western Kola Peninsula, Russia from 1880 to 1940, in: Arctic Anthropology 45:1 (2008), 79-96.

Quellen:

Interview mit Nina Eliseevna Afanas'eva, Interviewer: Lukas Allemann, aufgenommen in Murmansk am 19.06.2008.
Interview mit Apollinarija Ivanovna Golych, Interviewer: Lukas Allemann, aufgenommen in Lovozero am 12.06.2008.
Interview mit Anna Niklolaevna Jur'eva, Interviewer: Lukas Allemann, aufgenommen in Lovozero am 11.06.2008.
Interview mit Anastasija Nikolaevna Matrëchina, Interviewer: Lukas Allemann, aufgenommen in Murmansk am 14.03.2007.
Interview mit Marija Alekseevna Popova, Interviewer: Lukas Allemann, aufgenommen in Lovozero am 11.06.2008.

8. Abbildungsverzeichnis

9. Anhang

9.1. Glossar

braga	Gebrautes alkoholisches Getränk, das die Samen auch vor dem Zusammenleben mit den Russen herstellten und konsumierten.
čum	Allgemeine Bezeichnung für Zelte der nomadischen Völker des Nordens.
čumrabotnica	Hausfrau im →*čum*, Begleiterin und Helferin der Rentierhirten auf den Wanderungen mit den Herden. Aufgaben: Fischen, Beeren sammeln, kochen, waschen, nähen, Leder gerben und vieles mehr.
edinoličnik	Individuell Wirtschaftender. Im Kontext der vorliegenden Arbeit: der →Kolchose nicht beigetretener Rentierzüchter/Fischer/Jäger (gilt v.a. für die erste Kollektivierungswelle der 1920er Jahre, als ein Beitreten noch nicht obligatorisch war).
iżemcy/iżme	Bezeichnung für die nördlichen →Komi aus dem Ižma-Flussbecken (westlich des Urals)
jagel'	Rentiermoos (ähnlich wie Island-Moos)
kerëža	Schlitten in Form eines kleinen Bootes mit einem Rentier oder Hund als Zugtier
kolchoz	Abk. für *kollektivnoe chozjajstvo*; kollektiver Landwirtschaftsbetrieb, in dem nominal alle Aktiva dem Betrieb gehören und dessen Mitglieder abhängig von der Anzahl realisierter Arbeitstage (*trudoden'*) bezahlt werden.
komi	Finno-ugrisches Volk aus Nordost-Europa; insgesamt gibt es heute etwa eine halbe Million Komi.
kovvas/koavas/ kuvaksa	Samisches Wort für →*čum*
likbez	Abk. für *likvidacija bezgramotnosti* (Liquidierung des Analphabetentums); in den 1920er und 1930er Jahren in der UdSSR gebräuchlicher Terminus für die Einrichtungen zur Alphabetisierung von Erwachsenen und Teenagern.
lopari	Lappen (veraltete Bezeichnung für →*saami*/Samen)
narty	Kleiner Rentierschlitten
Nenzen	Finno-ugrisches Volk aus Nordost-Europa und Nordwestsibirien; insgesamt gibt es heute etwa 40'000 Nenzen.
NKVD	Abk. für *Narodnyj Komissariat Vnutrennich Del* (Volkskommissariat des Inneren, ab 1946 Ministerium des Inneren); ihm unterstanden auch die Sicherheitsdienste mit der Geheimpolizei der UdSSR.
olen'technik	Sowjetischer Terminus für Rentierhirte
otdalenka	Weit entfernte Siedlung ohne Strassenanbindung (umgangssprachlich)
(o)telit'sja/otël	kalben/das Kalben
pogost	Alte russische Bezeichnung für kleine Siedlungen; hat sich bis heute spezifisch für die Bezeichnung von samischen Siedlungen in der Tundra gehalten. Man unterteilt in *zimnij p.* (Wintersiedlung) und *letnij p.* (Sommersiedlung).
pograncy	Grenzwächter (pl., umgangssprachlich)
pomory	Bezeichnung für die russischen Siedler, die schon vor der Gründung von

	Murmansk und der Oktoberrevolution die Küstengebiete der Kola-Halbinsel bewohnten.
PTUšnik	Schüler der Berufsschule (*professional'no-techničeskoe učilišče*), umgangssprachlich
pyrt	Typische Holzhütte mit einem Raum
rybkom	Abk. für *rybnyj kombinat* (Fischverarbeitungsfabrik)
saami/saamy	Samen: Indigenes Volk im Norden Fennoskandinaviens
sanrejs	Abk. für *sanitarnyj rejs*: Flüge mit dem Helikopter oder Kleinflugzeug zur medizinischen Betreuung des Kolchose-/Sowchose-Personals in der Tundra
sejd	Wichtige Kultorte der Samen: Heilige Felsbrocken, zu denen Opfergaben gebracht wurden. In der Regel in der Nähe vom Wasser.
sijt	Samisches Wort für →*pogost*
sovchoz	Abk. für *sovetskoe chozjajstvo*; staatlicher Landwirtschaftsbetrieb, in dem alle Aktiva dem Staat gehört und dessen Angestellte einen Fixlohn erhalten.
trudoden'	siehe →*kolchoz*
tunejadstvo	Müssiggang, Schmarotzertum; wenn man keiner geregelten Arbeit nachging oder nicht am Arbeitsplatz erschien, konnte dies in der Sowjetunion als Straftat unter der Bezeichnung *tundejadstvo* geahndet werden.
utël	umgangssprachlich für →*otël*
važenka	Rentierweibchen
veža	Kleines Zelt
vezdechod	Maximal geländegängiges, auf keinerlei Wege angewiesenes und schwimmfähiges Fahrzeug auf Raupenketten. Schädigt massiv die fragile subpolare Vegetation.
vol'nyj vypas	Das über längere Zeit unbeaufsichtigte Grasenlassen der Rentierherden. Diese Art der Rentierhaltung entspricht den samischen Traditionen, wurde während der Sowjetzeit nicht praktiziert und findet jetzt wieder mehr Verbreitung.

9.2. Transkriptionszeichen

I (dt.)/B (russ.)	Äusserungen des Interviewers (russ. вопрос)
A (dt.)/O (russ.)	Äusserungen der antwortenden Person (russ. ответ)
[10 мин]/[20 мин]/...	Angabe der bereits abgelaufenen Gesprächszeit (ca. alle 10 Minuten); nur in der russischen vollständigen Transkription
(4)	Sprechpause in Sekunden
да:	Dehnung
((смех)) / ((звонит телефон))	Kommentar des Transkribierenden
[gemeint ist Voron'e]	Nachträglicher, beim Verfassen der Arbeit eingefügter Kommentar zum besseren Verständnis des Zitats
нет	Betont
НЕТ	Laut
'нет'	Leise
очень-	Nicht zu Ende geführte Wörter/Sätze

да=да	Schnell aufeinanderfolgende Wörter
( )	Unverständliche Rede; die Länge des leeren Raumes entspricht ungefähr der Länge des unverständlichen Wortlaufs
(сказал он)	Schlecht verständliche Rede, deren Wortlauf vom Transkribierenden erahnt wurde
«вежа»	Nicht-russische (hier: zumeist samische) Wörter; deutsche Entsprechungen siehe Glossar
„никуда не ходи!“	Direkte Rede in der Erzählung der antwortenden Person

(In Anlehnung an Rosenthal 1987)

9.3. Biographische Eckdaten der interviewten Personen

	Nina Eliseevna Afanas'eva	**Apollinarija Ivanovna Golych**	**Anna Nikolaevna Jur'eva**
Geburtsdatum	01.02.1939	19.02.1932	25.10.1934
Geburtsort	Varzino, Murmanskaja oblast'	Voron'e, Murmanskaja oblast'	Umbozero
Ausbildung	10 Schulklassen, 5 Jahre pädagogisches Institut	4 Schulklassen	3 Schulklassen
Ausbildungsjahre	1948-63	1941-45	1944-47
Wohnorte	Varzino (1939-51), Gremicha (1951-55), St. Petersburg (1955-63), Apatity (1963-80), Murmansk (1980-)	Voron'e (1932-64), Lovozero (1964-)	Umbozero (1934-53), Lovozero (1953-)
Name des Ehemanns	Ivan Karlovič Afanas'ev	Vasilij Nikolaevič Golych	Anisim Efimovič Jur'ev
Geburts-/Todesdatum des Ehemanns	1941-1991	1927-1988	1929-2005
Geburtsort des Ehemanns	Staraja Russa, Pskovskaja oblast'	Voron'e	Lovozero
Name des Vaters	Elisej Fedorovič Pavlov	Ivan Ignat'evič Fefelov	Nikolaj Izosimovič Železnjakov
Arbeit des Vaters	Fischer	Rentierzüchter	Rentierzüchter
Mädchenname der Mutter	Praskov'ja Nikolaevna Jur'eva	Tat'jana Andreevna [Familienname unbekannt]	Ul'jana Petrovna Galkina
Arbeit der Mutter	Hausfrau/*čumrabotnica*, Viehpflegerin	Hausfrau/*čumrabotnica*	Hausfrau/*čumrabotnica*
Kinder und ihr Geburts-/Todesdatum	Vladimir (*1964)	Svetlana (*1952), Anatolij (1956-57), Gennadij (1959-59)	Nadežda (*1957), Valentina (*1959), Elena (*1961), Ul'jana (*1966), Nikolaj (*1967), Valerij (*1970)

	Anastasija Nikolaevna Matrëchina	**Marija Alekseevna Popova**
Geburtsdatum	29.08.1928	10.03.1933
Geburtsort	Lumbovka	Voron'e
Ausbildung	3 Schulklassen	5 Schulklassen + 2 Jahre Abend-schule
Ausbildungsjahre	1939-41	1940-45
Wohnorte	Lumbovka 1928-50, Iokanga 1950-58, Gremicha 1958-94, Murmansk 1994-)	Voron'e (1933-56), Eremeevo (Komi ASSR, 1956-69), Lovozero (1969-)
Name des Ehemanns	Ivan Nikitič Matrëchin	Ivan Ermolaevič Popov
Geburts-/Todesdatum des Ehemanns	1922-1984	1933-2007
Geburtsort des Ehemanns	Iokanga	Sar'judin, Komi ASSR
Name des Vaters	Matrëchin Nikolaj Petrovič	Šaršin Aleksej Anisimovič
Arbeit des Vaters	Rentierzüchter/Hirte in der Kolchose	Rentierzüchter, Vorsitzender des *sel'sovet*
Mädchenname der Mutter	Danilova Ul'jana Stepanovna	Kiprijanova Vasilisa Fedorovna
Arbeit der Mutter	Bäckerin	Hausfrau (*čum-rabotnica*)
Kinder und ihr Geburts-/Todesdatum	Nadežda (*1951), Ol'ga (*1953), Ljubov' (1956-2004)	Ol'ga (*1954), Galina (*1958), Aleksej (*1962), Pëtr (*1969)

9.4. Übersichtskarte der Kola-Halbinsel

Quelle: Atlas avtomobil'nych dorog. Ot Atlantiki do Tichogo okeana, Minsk 1999.

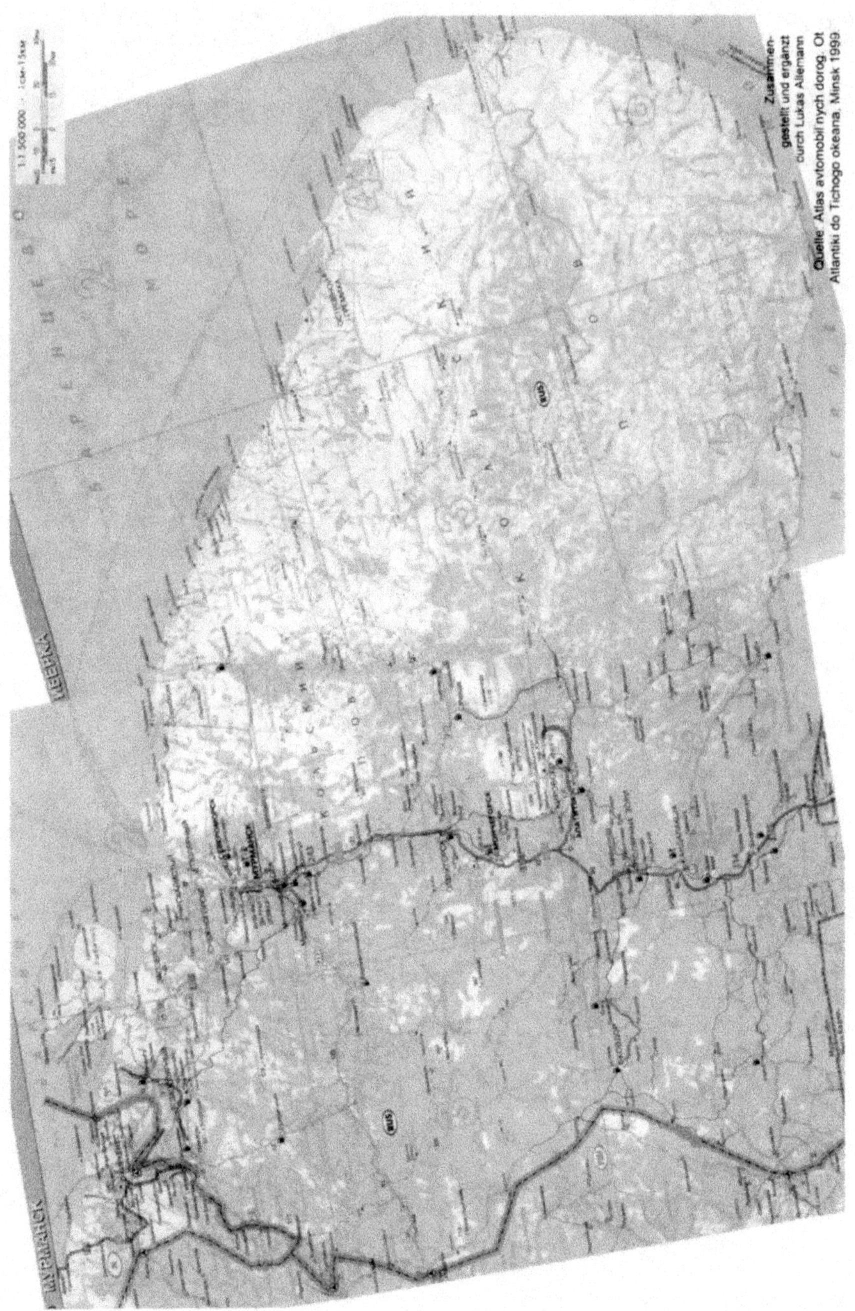
МУРМАНСК
1:1 500 000
Zusammen-
gestellt und ergänzt
durch Lukas Allemann
Quelle: Atlas avtomobil'nych dorog. Ot
Atlantiki do Tichogo okeana. Minsk 1999.

MENSCHEN UND STRUKTUREN

Historisch-sozialwissenschaftliche Studien
Herausgeber: Heiko Haumann

Band 1 Hartmut Zoche: Die Gemeinde – ein kleiner Staat? Motive und Folgen der großherzoglich-badischen Gemeindegesetzgebung 1819-1914. 1986.

Band 2 Dieter Schonebohm: Ostjuden in London. Der Jewish Chronicle und die Arbeiterbewegung der jüdischen Immigranten im Londoner East End, 1881-1900. 1987.

Band 3 Karl-Friedrich Müller: Das Jahr 1945 in Südbaden. 1987.

Band 4 Eva Kimminich: Religiöse Volksbräuche im Räderwerk der Obrigkeiten. Ein Beitrag zur Auswirkung aufklärerischer Reformprogramme am Oberrhein und in Vorarlberg. 1989.

Band 5 Beate Welter: Die Judenpolitik der rumänischen Regierung (1866-1888). 1989.

Band 6 Heiko Haumann/Stefan Plaggenborg (Hrsg.): Aufbruch der Gesellschaft im verordneten Staat. Rußland in der Spätphase des Zarenreiches. 1994.

Band 7 Peter Fäßler: Badisch, Christlich und Sozial. Zur Geschichte der BCSV/CDU im französisch besetzten Land Baden (1945-1952). 1995.

Band 8 Petra Hieber: Auf der Suche nach dem Glück. Juliane von Krüdener-Vietinghoff (1764-1824): Selbstwahrnehmung im Spannungsfeld gesellschaftlichen Wandels. 1995.

Band 9 Karl Kobelt: Anton Makarenko – Ein stalinistischer Pädagoge. Interpretationen auf dem Hintergrund der russisch-sowjetischen Bildungspolitik. 1996.

Band 10 Kyoo-Sik Lee: Das Volk von Moskau und seine bedrohte Gesundheit. Öffentliche Gesundheitspflege in Moskau, (1850-1914). 1996.

Band 11 Teresa Andlauer: Die jüdische Bevölkerung im Modernisierungsprozess Galiziens (1867-1914). 2001.

Band 12 Silke Sobieraj: Die nationale Politik des Bundes der Landwirte in der Ersten Tschechoslowakischen Republik. Möglichkeiten und Grenzen der Verständigung zwischen Tschechen und Deutschen (1918-1929). 2002.

Band 13 Karin Neidhart: Nationalsozialistisches Gedankengut in der Schweiz. Eine vergleichende Studie schweizerischer und deutscher Schulbücher zwischen 1900 und 1945. 2004.

Band 14 Silvano Luca Gerosa / Karoline Thürkauf (Hrsg.): Jazz Life. Essays zum Alltag von Jazzmusikern anhand ihrer Autobiografien. 2005.

Band 15 Désirée Corinne Hagmann: Kinder der Landstraße – *In gesundes Erdreich verpflanzt...* Schicksal der Familie Waser-Schwarz. 2007.

Band 16 Antoni Cetnarowicz: Die Nationalbewegung in Dalmatien im 19. Jahrhundert. Vom „Slawentum" zur modernen kroatischen und serbischen Nationalidee. 2008.

Band 17 Heiko Haumann (Hrsg.): Erinnerung an Gewaltherrschaft. Selbstzeugnisse – Analysen – Methoden. 2009.

Band 18 Lukas Allemann: Die Samen der Kola-Halbinsel. Über das Leben einer ethnischen Minderheit in der Sowjetunion. Neue Perspektiven und Selbstzeugnisse. 2010.

www.peterlang.de

www.ingramcontent.com/pod-product-compliance
Lightning Source LLC
Chambersburg PA
CBHW060612310726
48982CB00003B/531

* 9 7 8 3 6 3 1 6 1 2 0 1 9 *